AF330523

LA STATUE

DE VOLTAIRE

ÉRIGÉE

PAR LUI-MÊME

DEUXIÈME ÉDITION

Revue et considérablement augmentée

PARIS

DOUNIOL, LIBRAIRE-ÉDITEUR

RUE DE TOURNON, 29

1867

LA
STATUE DE VOLTAIRE

ÉRIGÉE PAR LUI-MÊME

Paris. — Imprimerie PILLET fils aîné, rue des Grands-Augustins, 5.

LA STATUE
DE VOLTAIRE

ÉRIGÉE PAR LUI-MÊME

« Aujourd'hui le châtiment de Voltaire, de cet homme d'esprit, c'est d'être devenu le DIEU DES IMBÉCILES. »

Edmond TEXIER, rédacteur du *Siècle* (*Critiques et Récits littéraires*).

DEUXIÈME ÉDITION

Revue et considérablement augmentée

PARIS

DOUNIOL, LIBRAIRE-ÉDITEUR

RUE DE TOURNON, 29

—

1867

LA

STATUE DE VOLTAIRE

ÉRIGÉE PAR LUI-MÊME

I

LA STATUE DE VOLTAIRE.

On parle d'élever une statue à Voltaire. Mais d'abord c'est aller contre la pensée de Voltaire lui-même qui, le 12 juillet 1770, écrivait à la marquise Du Deffand que « l'envie et la médisance » pouvaient seules inspirer un tel projet, et qui ajoutait : « Si l'on va dire... que les « encyclopédistes font sculpter leur patriarche, cette « raillerie sera bien reçue et me portera un grand pré- « judice. »

Qu'est-ce d'ailleurs que Voltaire ? Le jeune Helvetius, faisant son éloge, débute par ces vers :

> Et toi, mortel divin, dont l'univers s'honore,
> Être que l'on admire, et *qu'on ignore encore...*

En effet, le véritable Voltaire n'est point encore connu. Il en est un qu'ont inventé après coup le préjugé, la passion et l'intérêt de parti ; mais celui-là ne ressemble en rien à l'homme réel que l'histoire nous révèle tel qu'il fut, écrivit et mourut. Cette biographie sur nature est aussi curieuse qu'instructive. C'est là la statue que Voltaire s'est sculptée et érigée lui-même par ses écrits et par ses actes. C'est celle-là que nous venons montrer dans sa réalité vivante, avec le jugement de la postérité pour piédestal.

II

PREMIER APERÇU SUR LA VIE DE VOLTAIRE.

Le 20 février 1694, naquit, à Paris, François-Marie Arouet. Fils d'un ancien notaire, il renia bientôt le nom de son père, et le 17 mai 1741, il écrivait de Bruxelles à Moussinot, chargé de ses affaires : « Je vous ai en- « voyé ma signature dans laquelle j'ai oublié le nom « d'Arouet, que j'oublie assez volontiers. Je vous renvoie « d'autres parchemins où se trouve ce nom, *malgré le* « *peu de cas que j'en fais.* » Il le changea en effet pour celui de Voltaire, auquel nous le verrons plus tard joindre le *de* aristocratique, en tranchant du gentil-homme et du grand seigneur féodal, et en affectant pour le peuple le plus profond mépris.

Corrompu dès le berceau par son parrain, Chateau-neuf, qui l'entretenait des sujets les plus licencieux et lui fit apprendre à trois ans un poëme immonde, il fut à douze ans placé sous le patronage d'une courtisane, Ninon de Lenclos, qui lui laissa par testament 2,000 livres. Il fit sa première éducation chez les jésuites. A peine eut-il quitté les bancs du collége que la police le comptait au nombre des *mauvais sujets.* Aussi les lieutenants de po-lice eurent-ils soin de l'éloigner et de l'exiler constam-ment de la capitale. De là cette lettre de Voltaire sur Paris : « Je ne crois pas avoir demeuré trois ans de suite « dans cette ville. Je ne la connais que comme un Alle- « mand qui a fait son tour d'Europe. » (A de Vaines, « février 1778.)

Renvoyé de chez son père en 1714, il alla en Hol-lande, d'où il fut expulsé pour avoir essayé de corrom-pre une jeune fille, Olympe Dunoyer. Revenu à Paris, il entra dans l'étude de maître Alain, procureur, rue Per-due, près la place Maubert. Son père le chassa de nou-veau de la maison maternelle ; et Saint-Simon dit à ce sujet dans ses *Mémoires :* « Arouet n'avait jamais pu rien faire de ce fils *libertin.* » Mis en prison à deux reprises, en 1717 et en 1726, il y resta la première fois un an et fut obligé de quitter Paris, la seconde un mois, et reçut en sortant l'ordre de passer en Angleterre.

Ces débuts promettaient peu. En 1725, il fut roué de coups de bâton à la suite d'une affaire avec le chevalier de Rohan-Chabot. Plus tard il reçut un soufflet en plein théâtre, du vieux comédien Poisson ; une balafre ignominieuse d'un officier calomnié ; une bastonnade bleue de son libraire anglais ; puis un autre des agents du grand Frédéric, auquel il en donna un récépissé en règle. Mais passons sur ces divers témoignages de l'estime publique dont il jouissait.

En 1729 il perd son père et en parle avec ce ton de mépris : « J'avais un vieux bonhomme de père fort en-« tête (*Mémoires*). » Telle est la seule expression de son amour filial. La mort de son frère, qui lui léguait tous ses biens, le trouva plus insensible encore.

Avare, usurier, jouant à la loterie, se livrant à mille spéculations peu honnêtes, frustrant ses libraires, ses domestiques, fraudant le fisc, ses débiteurs, ses créanciers, refusant de payer ses billets et ses dettes, trafiquant, agiotant sur les blés, les tableaux, les diamants, les fournitures de vivres et d'habits pour les armées, il parvint à se faire, sur la fin de sa vie, 206,000 de rente au moins, fortune la plus considérable qu'ait jamais possédée un homme de lettres. Il est vrai que pour gagner de l'argent tous les moyens lui étaient bons, comme nous le verrons plus loin, au chapitre intitulé *Probité de Voltaire*. Il résumait toute sa morale dans cette lettre :

Il y a une tragédie anglaise qui commence par ces mots : « *Mets de l'argent dans ta poche et moque-toi du reste.* » Cela n'est pas tragique, mais *cela est fort sensé*. (Au P. Menoux, juillet 1760.)

Ce n'est pas qu'il n'affectât parfois d'être généreux, mais il avoue lui-même dans quel but :

Que de générosités adroites, dit-il, qui ne coûtent rien et qui rendent beaucoup ! (Au comte d'Argental, le 2 décembre 1735.)

Son avarice était telle que sa propre nièce, Mme Denis, lui écrivait : « L'avarice vous poignarde... *L'amour de* « *l'argent vous tourmente* ; ne me forcez pas à vous haïr. « Vous êtes le dernier des hommes par le cœur. Je « cacherai autant que je pourrai les vices de votre « cœur... » (Paris, 1754.)

Les annales judiciaires constatent qu'une foule de scélérats, assassins et autres, condamnés à mort, montèrent sur l'échafaud en déclarant que la première cause de leurs crimes était la lecture des écrits de Voltaire.

III

VOLTAIRE NÉGRIER.

« Le dernier des hommes par le cœur, » suivant l'expression de sa nièce, « insensible aux reproches sur le devoir, *avare et fripon* pour son intérêt, » dit le marquis d'Argenson, Voltaire faisait la traite des nègres. Intéressé pour cet horrible trafic dans l'armement du bâtiment le *Congo*, il écrivait à un armateur de Nantes, son associé : « Je me félicite avec vous de l'heureux succès du navire « le *Congo*... Dans une telle circonstance, je me réjouis « d'avoir fait une bonne affaire en même temps qu'une « bonne action. » (*Histoire universelle* de Cantu, T. XIII, p. 148, 3e édition.)

On pend aujourd'hui ceux qui se livrent à ces bonnes actions.

Faisant lui-même la traite des nègres, Voltaire la justifiait en ces termes : « On nous reproche le com- « merce des noirs... Ce négoce démontre notre supé- « riorité. Celui qui se donne un maître était né pour « en avoir. » (*Essai sur les mœurs*, tome V, p. 339.)

IV

Dès le 22 mai 1722, Voltaire offrait de servir d'espion et de mouchard au cardinal Dubois, en promettant une reconnaissance éternelle si on daignait lui confier ce rôle infâme.

Une lettre adressée le 17 juin 1743, au duc de Richelieu, par Mme de Tencin, nous apprend que Voltaire, feignant d'être exilé ou du moins de fuir dans la crainte de l'être, avait été chargé par Amelot et Maurepas, ministres de Louis XV, de remplir un rôle d'espionnage auprès du roi de Prusse.

Plus tard il se fit espion de la Russie et de la Prusse contre la France. Le 7 août 1771, il propose à l'impératrice Catherine de l'instruire du mouvement de nos troupes et de tout ce qui se fera en ce genre : « Nous « avons, lui dit-il, un régiment dont on fait la revue : « les politiques en présagent un grand événement... *Je « ne manquerai pas*, madame, si Votre Majesté Impé- « riale le juge à propos, *de lui rendre compte* de la « suite de ces grandes révolutions... Le vieux malade « de Ferney... »

Espion des Prussiens, comme des Russes, contre la France, il leur révèle tout ce que nos ministres préparent pour soutenir notre honneur national à l'étranger, et il y revient même si souvent que Frédéric de Prusse s'en montre fatigué, et lui répond : « Vous me parlez « de vos Welches (Français) et de leurs *intrigues* ; elles « me sont toutes connues.. Il faut attendre jusqu'au « bout pour voir qui rira le dernier... » (Postdam, 4 avril 1773.)

V

Aux yeux de Voltaire, le peuple n'était que « de la *canaille*, qu'un troupeau de bœufs auxquels *il faut un joug, un aiguillon et du foin,* » ainsi qu'il ne craint pas de le dire lui-même dans les lettres suivantes :

Je vous assure que dans peu il n'y aura que *la canaille* sous les étendards de nos ennemis, et nous ne voulons de cette *canaille* ni pour partisans ni pour adversaires. Nous sommes un corps de braves chevaliers défenseurs de la vérité, qui n'admettons parmi nous que *des gens bien élevés.* (À Damilaville, 19 novembre 1765.)

A l'égard de ce peuple, *il sera toujours sot et barbare...* *Ce sont des bœufs auxquels il* FAUT UN JOUG, UN AIGUILLON ET DU FOIN. (A Tabareau, 1769.)

VI

VOLTAIRE NE VEUT PAS QU'ON DONNE DE L'INSTRUCTION AU PEUPLE.

Le peuple n'étant pour Voltaire que « de la canaille, » qu'un troupeau de « bœufs auxquels il faut un joug, un aiguillon et du foin ; » les hommes du peuple n'étant, suivant son expression, que des GUEUX, il voulait que le peuple fût plongé dans l'ignorance, et s'écriait que tout serait perdu si on lui donnait de l'instruction.

Le 13 août 1762, il écrit à Helvétius : « Nous ne nous « soucions pas que nos laboureurs et nos manœuvres « soient éclairés. » Le 28 février 1763, il écrit à M. de la Chalotais : « Je vous remercie de proscrire l'étude « chez les laboureurs. Moi, qui cultive la terre, je vous « présente requête pour avoir des manœuvres et non « des clercs tonsurés. » Le 15 septembre suivant, il dit, en écrivant à Helvétius, qu'il abandonne aux prêtres le « peuple, la canaille. » Le 21 novembre 1774, il appelle le peuple « *un sot peuple.* » Il ajoute ailleurs : « La phi- « losophie ne sera jamais faite pour le peuple ; LA CA- « NAILLE D'AUJOURD'HUI RESSEMBLE EN TOUT A LA CA- « NAILLE QUI VÉGÉTAIT IL Y A QUATRE MILLE ANS. » (15 septembre 1762.)

Enfin il développe la même pensée dans toutes ses lettres, ainsi qu'on peut en juger par les extraits sui-vants :

C'est, à mon gré, le plus grand service qu'on puisse rendre au genre humain, de séparer le *sot peuple* des honnêtes gens pour jamais. On ne saurait souffrir l'*absurde insolence* de ceux qui vous disent : Je veux que vous pensiez comme votre tailleur et votre blanchisseuse. (Au comte d'Argental, 27 avril 1765.)

Distinguons dans ce que vous appelez peuple, les professions qui exigent une éducation honnête, et celles qui ne demandent que le travail des bras et une fatigue de tous les jours. Cette dernière classe est la plus nombreuse. Celle-là, pour tout délassement et pour tout plaisir, n'ira jamais qu'à la grand'messe et au cabaret. (*A Linguet*, 15 mars 1767.)

On n'a jamais prétendu éclairer les cordonniers et les servantes : c'est le partage des apôtres. (A Dalembert, 1768.)

Il est à propos que le peuple soit guidé, *et non pas qu'il soit instruit*: IL N'EST PAS DIGNE DE L'ÊTRE. (Lettre à Damilaville, 19 mars 1766.)

Je crois que nous ne nous entendons pas sur l'article du peuple, que vous croyez digne d'être instruit. J'entends par peuple la *populace*, qui n'a que ses bras pour vivre. Je doute que cet ordre de citoyens ait jamais le temps ni la capacité de s'instruire ; ils mourraient de faim avant de devenir philosophes. IL ME PARAIT ESSENTIEL QU'IL Y AIT DES GUEUX IGNORANTS. Ce n'est pas le manœuvre qu'il faut instruire, c'est le bon bourgeois. *Quand la populace se mêle de raisonner*, TOUT EST PERDU. (Lettre à Damilaville, 1er avril 1766.)

VII

VOLTAIRE ENNEMI DE L'ÉGALITÉ.

Ennemi implacable de l'égalité, Voltaire écrivait, à propos du *Contrat social* de J. J. Rousseau, où ce principe est émis avec celui de la souveraineté du peuple : « On ne trouve plus ici aucun contrat *insocial* de Jean-« Jacques... Comme nous aurions chéri ce *fou* s'il « n'avait été un *faux-frère !* » (A Damilaville, 31 juillet 1762.)

Le 11 juillet 1770, il écrit au duc de Richelieu :

« *Le système de l'égalité m'a toujours paru l'*ORGUEIL
« D'UN FOU. » Le 13 février 1771, il écrit au même :
« Je ne connais guère que Jean-Jacques Rousseau à qui
« on puisse reprocher ces idées d'égalité et d'indépen-
« dance, et *toutes ces chimères qui ne sont que ridicules.* »

Aussi Louis Blanc a-t-il facilement démontré que
Voltaire n'avait en rien « le sentiment de l'égalité. »
(*Histoire de la Révolution française,* t. I, p. 434.)

Comment eût-il pu l'avoir, puisque le fils de l'ancien
notaire s'était fait lui-même seigneur féodal ?

VIII

VOLTAIRE SEIGNEUR FÉODAL.

En effet, M. de Voltaire, comte et seigneur féodal de
Ferney, Tournex, Pregny et Chambesi, avait château
avec créneaux et machicoulis, des serfs et des vassaux,
avec pilori pour les pendre, prélevait la dîme et exerçait
sur ses terres le droit de haute et basse justice. Il appelait ses domaines un royaume (A d'Argental, 19 décembre 1758); et disait au roi de Prusse : « La charge
« (celle de gentilhomme du roi) que je possède auprès
« du roi, mon maître (Louis XV), donne les droits de la
« plus haute noblesse. » (1749.) Gentilhomme excessi-
vement jaloux de ses titres, il se glorifiait d'être valet de
chambre du roi, et écrivait à la reine : « Puisque je suis
domestique du roi, je suis donc aussi le vôtre. » Si l'on
s'avisait de contester sa seigneurie, sa fureur n'avait plus
de bornes, et voici en quels termes il répondait :

On me reproche d'être comte de Ferney. *Que ces jean-
f…. là viennent donc dans la terre de Ferney, je les mettrai
au pilori.* N'allez pas vous aviser de m'écrire : A M. le
comte, comme fait Luc; mais écrivez à *Voltaire, gentilhomme ordinaire du roi,* titre dont je fais cas, *titre que le
roi m'a conféré avec les fonctions ;* car, pardieu ! ce qu'on
ne sait pas, c'est que le roi a de la bonté pour moi, c'est
que je suis très-bien auprès de madame de Pompadour et
de M. le duc de Choiseul, et que je ne crains rien, et je me

f... de... et de... ainsi que de Chommeix, et que je leur donnerai sur les oreilles dans l'occasion. Pourtant, brûlez ma lettre *et gardez le secret* à qui vous aime.

En qualité de seigneur de Ferney, il avait droit de *haute justice* et droit de *pilori*, comme on vient de le voir, et comme l'explique l'aimable invitation suivante qu'il adresse à un nommé Grasset qui n'était pas de ses amis :

Il ne me reste plus que de le prier à dîner dans un de mes castels et de le *faire pendre au fruit. J'ai heureusement haute justice chez moi*, et si M. Grasset veut être pendu, il faut qu'il ait la bonté de faire chez moi un petit voyage. Franchement, je vois que j'ai fait *à merveille d'avoir des créneaux et des machicoulis. (A M. de Brenles*, 27 décembre 1758.)

Ce grand seigneur féodal, qui se donnait le passe-temps de pendre si facilement les gens aux piloris de ses castels, n'avait garde non plus d'oublier de prélever ses dîmes, qu'il faisait passer même avant l'affaire Calas.

Je crois, dit-il, que l'affaire des Calas sera finie avant celle des dîmes de Ferney. Les tragédies, les histoires et les contes n'empêchent pas qu'*on songe à ces dîmes*, attendu qu'un homme de lettres ne doit pas être un sot qui abandonne *ses affaires pour barbouiller des choses inutiles. (A d'Argental*, 29 janvier 1764.)

Lorsque les droits féodaux furent abolis, dans la nuit du 4 août, on constata que Voltaire avait refusé d'émanciper ses serfs, ainsi que cela résulte des procès-verbaux de l'Assemblée constituante.

Il se faisait rendre les plus grands honneurs dans ses domaines seigneuriaux, et y régnait en maître absolu, comme il ne cesse de s'en vanter lui-même. Il écrit à l'un de ses amis : « J'ai deux curés *sous mes ordres*, je « ruine l'un, et je fais l'aumône à l'autre. Et si d'un « côté *mes* curés *reçoivent mes ordres*, de l'autre les « prédicants genévois *n'osent pas me regarder en face.* »

Et à un autre ami : « Si quelqu'un est en souci de ce
« que je fais dans mes chaumières, et s'il me dit : Que
« fais-tu là, maraud? Je lui réponds : JE RÈGNE. »

Le 20 juin 1760, il écrit à d'Argental : « *Comme j'aime*
« *passionnément à être le* MAÎTRE, *j'ai jeté par terre toute*
« *l'Église*, pour répondre aux plaintes d'en avoir abattu
« la moitié; *j'ai pris les cloches, l'autel, les confession-*
« *naux, les fonts baptismaux; j'ai envoyé mes parois-*
« *siens entendre la messe à une lieue*. Le lieutenant cri-
« minel, le procureur du roi sont venus instrumenter;
« *j'ai envoyé promener tout le monde*. »

Aussi les démocrates de tous les temps ont-ils pro-
fessé la haine et le mépris pour Voltaire, comme il est
facile de s'en convaincre par les citations suivantes :

IX

VOLTAIRE JUGÉ PAR JEAN-JACQUES ROUSSEAU.

Jean-Jacques Rousseau traitait Voltaire de scélérat.

Vous me parlez de Voltaire, écrit-il. Pourquoi le nom
de ce BALADIN souille-t-il vos lettres? *Le malheureux* a
perdu ma patrie; je le haïrais davantage *si je le méprisais
moins*. Je ne vois dans ses grands talents *qu'un opprobre
de plus* par l'*indigne* usage qu'il en a fait. Ses talents ne
lui servent, ainsi que ses richesses, qu'à nourrir *la dépra-
vation de son cœur*.....

Ce fanfaron d'impiété, ce beau génie et CETTE AME BASSE,
cet homme si grand par ses talents et si VIL par leur usage,
nous laissera de longs et cruels souvenirs de son séjour
parmi nous. *La ruine des mœurs, la perte de la liberté*,
qui en est la suite inévitable, seront chez nos neveux les
monuments de sa gloire et de sa reconnaissance. *S'il reste
dans leur cœur quelque amour de la patrie*, IL DÉTESTE-
RONT SA MÉMOIRE, ET IL EN SERA MAUDIT. (*Corresp*., p. 105
et 157.)

Ainsi, le mépris, la haine et la malédiction, voilà le
dernier mot de Jean-Jacques Rousseau sur Voltaire.

X

VOLTAIRE JUGÉ PAR MARAT.

Marat, à son tour, juge ainsi Voltaire, dans l'*Ami du peuple*, du 6 avril 1791 :

Voltaire, *adroit plagiaire*, qui eut l'art d'avoir l'esprit de tous ses devanciers et qui ne montra d'originalité que dans la finesse de ses *flagorneries* ; *écrivain scandaleux, qui pervertit la jeunesse* par les leçons d'une fausse philosophie, et dont le cœur fut le trône *de l'envie, de l'avarice, de la malignité, de la vengeance, de la perfidie et de toutes les passions qui dégradent l'espèce humaine.*

XI

VOLTAIRE JUGÉ PAR MIRABEAU.

Mirabeau jugeait Voltaire digne du mépris de l'humanité, lui reprochait d'avoir outragé Rousseau, et disait de ses œuvres :

Le *Siècle de Louis XIV* est une *fort mauvaise rapsodie ;* et, en général, tout ce qu'a fait Voltaire depuis *Tancrède... aurait dû être brûlé* avant d'être rendu public, par respect pour lui. Il a outragé M. de Buffon, comme tous les grands hommes ; je dis *tous*, sans en oublier un seul, mort ou vivant... Je ne crois pas qu'il y ait *rien de plus ridicule au monde* que tout ce que Voltaire a écrit sur l'histoire naturelle, tant l'*ignorance* et la satire peuvent avilir ! (*Lettres à Sophie*, 1778.)

Il termine en ajoutant qu'il fut possédé de « *l'envie la plus infernale.* »

XII

VOLTAIRE JUGÉ PAR BRISSOT.

Brissot, répondant aux détracteurs des *Confessions* de Jean-Jacques, s'exprime ainsi :

Comment s'est conduit Voltaire ? Il raconte des anecdotes cent fois plus horribles d'un de ses bienfaiteurs, de son ami, du Salomon du nord ; et cet écrit voit la lumière du vivant même du prince qu'il outrage !... Comme le caractère de l'Aristippe moderne me paraît à nu dans ses *Mémoires !* Ou l'y voit louer, admirer en public un prince dont il ravale en secret le mérite, dont il ridiculise les vices ; on le voit jeter le ridicule et l'opprobre à pleines mains sur une foule de personnages qui en versent encore aujourd'hui des larmes ; on le voit détruire par ses satires les réputations qu'il avait créées par ses éloges ; on le voit ironique, *jaloux, méchant,* et s'applaudissant de ses méchancetés et de ses sarcasmes. (*Mémoires.*)

Brissot raconte ensuite des anecdotes qui prouvent l'abjection et la lâcheté de Voltaire.

XIII

VOLTAIRE JUGÉ PAR FAUCHET.

En octobre 1790, Claude Fauchet prononça, aux applaudissements de neuf mille auditeurs, un discours populaire où il stigmatise l'ignorance de Voltaire qu'il nomme « menteur en philosophie, penseur fort plat, « fort étroit, *fort méprisable.* » Nous regrettons de ne pouvoir donner de ce discours que ce court fragment :

Voltaire, dit-il, parlait des mystères de la nature et de la divinité, que *personne ne connut jamais moins,* et qu'il semblait railler *par dépit de ne les pas entendre.* Il exerçait un despotisme moqueur qu'applaudissaient les têtes vides et *qui faisait sourire les vrais savants.* D'ailleurs TOUTES LES IDÉES D'ÉGALITÉ RÉPUGNAIENT A SON ORGUEIL. *Il trouvait la plupart des abus de notre ordre social fort bons,* à raison de ce qu'il était gentilhomme ordinaire, *seigneur châtelain,* homme de grand ton, et *fort aristocrate* en société comme en littérature.

XIV

VOLTAIRE JUGÉ PAR LOUIS BLANC.

Louis Blanc prouve que Voltaire n'eut ni amour ni

commisération pour le peuple, qu'il ne voulut que substituer une tyrannie à une autre, et qu'il fut le plus obséquieux des courtisans de la royauté, de la noblesse et de la fortune. Voici ce qu'il dit de sa servilité :

Voltaire *n'aima pas assez le peuple...* Sa pitié n'eut jamais rien d'actif et qui vînt d'un sentiment démocratique; c'était une pitié de grand seigneur mêlé de hauteur et de *mépris...* En revanche, on sait jusqu'où il fit descendre, à l'égard des grands, l'humilité de ses hommages ; dans quelles puériles jouissances la faveur des cours retint sa vanité captive, et combien il aimait à se parer du titre de gentilhomme de la chambre. On sait qu'il fit de Louis XV un panégyrique où l'excès de la flatterie touchait au scandale ; qu'un jour s'adressant à ce roi, il osa l'appeler Trajan; que le duc de Richelieu, héros des roués fastueux et des libertins à la mode, l'eut pour courtisan, que dis-je ? pour familier ; qu'il s'écriait, en parlant de Catherine de Russie : « Je suis Catherin et je mourrai Catherin ! » — qu'il se mit aux pieds des favorites, même de celle qu'une maison de débauche éleva pour les plaisirs du maître, et qui, devenue la royauté, en déshonora l'agonie; qu'enfin, il écrivait à Frédéric, roi de Prusse : « *Vous êtes fait pour être mon roi... delices du genre humain. Je rêve à vous, prince, comme on rêve à sa maîtresse ! Votre Majesté qui s'est faite homme !* » Né avec une nature souple, il se trouva, dès son entrée dans la vie active, égaré parmi les Vendôme, les Richelieu, les Conti, les La Fare, les Chaulieu ; et dans ce cercle, où l'art du courtisan s'apprenait à l'école du bon goût, il perdit tout ce qui constitue les fiers caractères et les âmes viriles... Quant aux privilèges de la naissance, tour à tour leur dénonciateur, et leur esclave, il les attaqua du haut de la scène par des vers bien connus ; mais, loin de la foule, loin du parterre, et quand il n'avait plus à s'en faire l'écho, il changeait de langage. (*Histoire de la Révolution française*, t. 1, p. 358.)

XV

VOLTAIRE, ADULATEUR DES ROIS ET DES GRANDS, MÉPRISE LE GENRE HUMAIN.

« Cet homme, dit M. de Tocqueville, ne se sentait à

« l'aise qu'à la cour des rois ou dans la société des grands. »
Aussi affecte-t-il le culte de la royauté joint à la haine
du peuple et au mépris pour le genre humain.

Dans ses lettres, du 13 août 1760, à Marmontel, du
30 janvier 1762, à Damilaville, du 13 août suivant, à
Helvétius, et du 22 janvier 1768, il s'indigne contre
« ces *polissons* qui s'érigent en juges des rois, » dit
qu'il n'y a personne de plus royaliste que les philosophes, et ajoute cette petite insinuation : « Il faut tâcher
« de faire voir au contraire que les prêtres ont toujours
« été les ennemis des rois. »

Il écrivait au comte d'Argental : « Vous êtes bien bon
« de céder à l'impétuosité de la nation; *il faut la subju-*
« *guer;* » et à Dalembert : « MÉPRISEZ LE GENRE HUMAIN.
« Je vous recommande BEAUCOUP DE MÉPRIS POUR LE
« GENRE HUMAIN. » (Lettres du 23 septembre 1760, du
20 février 1857 et du 5 avril 1771.)

Personne ne poussa plus loin que Voltaire la bassesse
des adulations. Il encensa Fleury, Bernis, Maupeou,
Choiseul, Turgot, nommait le duc de Richelieu « son
héros » et lui disait : « Je vous adore. » (1743.) Il encensa toutes les maîtresses du roi, jusqu'à la Dubarry
et à la Pompadour, appelant cette dernière « une personne *respectable*, dont le nom doit être cher à tous
les gens de lettres; » et disant qu'il « veut la chanter
« fièrement, hardiment, parce qu'il lui a obligation. »
(Lettre au duc de La Vallière, 1759). Il encensa surtout les souverains étrangers, et en particulier le roi
Frédéric II et l'impératrice Catherine II. Il n'écrivait
au premier qu'en se mettant à ses genoux, et en
signant : « Votre vieux *idolâtre*. » Il divinisait la
seconde parce qu'elle avait égorgé la Pologne, et
lui disait : « Je n'ai plus qu'un souffle de vie; je
« l'emploierai à vous invoquer en mourant comme ma
« SAINTE, et *la plus grande sainte* assurément, que
« le nord ait jamais portée. » (A Catherine, 31 juillet
1772). Le 18 mai 1770, il lui écrivait déjà : « Je suis

« catherin, je mourrai catherin. » Le 30 octobre de l'année précédente, son exaltation, ne connaissant plus de bornes, prenait le caractère de l'adoration, et il s'écriait : « *Allah-Catharina ! Te Catharinam lauda-* « *mus, te dominam confitemur.* » (Imitation du *Te Deum*.)

XVI

VOLTAIRE ENNEMI DE LA FRANCE ET DES FRANÇAIS.

« Pendant toute sa vie, dit M. de Tocqueville, Voltaire « ne cessa de dénigrer sa patrie devant les étrangers. » (*Histoire philosophique du règne de Louis XV*.) Renégat de son pays, Voltaire avait en effet une haine profonde pour la France et pour les Français que, par une appellation insultante et grotesque, il nommait les *Welches*. Voici, du reste, comment il s'en exprimait lui-même :

Je mourrai bientôt, et ce sera en DÉTESTANT *le pays des singes et des tigres*, où la folie de ma mère me fit naître il y a bientôt soixante et treize ans. (*Lettre à Dalembert*, 7 août 1766.)

Allez, mes Welches (les Français), Dieu vous bénisse ! VOUS ÊTES LA CHIASSE DU GENRE HUMAIN, et vous ne méritez pas d'avoir parmi vous de grands hommes qui ont porté votre langue jusqu'à Moscou.

Dans ses *Discours aux Welches*, il vomit contre la France et les Français des injures qu'il est impossible de reproduire, mais dont on peut juger en sachant qu'il les traite de « RÉSIDUS OU EXCRÉMENTS DU GENRE HUMAIN. »

Aussi Frédéric disait-il de Voltaire qu'il n'avait « ni reli- « gion, ni patrie, et que loin d'être partisan de sa nation, « il blâmait en tout son pays. » En effet, ce roi lui ayant écrit au sujet des Français : « Ce sont des *frélons* « qui bourdonnent toujours ; leurs brocards sont comme « des injures de *perroquets*, et leurs jugements aussi « graves que les décisions d'un *sapajou* sur des matières

« métaphysiques » (25 juillet 1742) ; Voltaire applaudit à
ce langage et répond : « Il me fallait le roi de Prusse
« pour *maître* et le peuple anglais pour concitoyen. Nos
« Français, en général, ne sont que de grands enfants. »
(29 août 1742.) Ailleurs il écrit à Frédéric :

Vous savez que ce peuple de Welches a maintenant pour
son Végèce un de vos officiers subalternes, dont on dit que
vous faisiez peu de cas, et qui change toute la tactique en
France...

Si jamais, par hasard, vous assiégiez Abbeville, je vous
réponds que d'Etallonde *vous servira bien*...

L'honneur de vous appartenir n'est pas une vanité, c'est
une gloire qui en impose, et qui peut se faire respecter des
Welches.

Il ravale sans cesse la France, prétend que « c'est
« dans le Nord que tous les arts fleurissent aujourd'hui ; »
et ne perd pas une occasion de renier sa patrie. Il sert
d'espion à Catherine contre nous, se réjouit de ce que la
France ait perdu le Canada, et termine, comme toujours, par des injures contre les Français qu'il appelle les
« *premiers* SINGES *de l'univers*. » Il les traite encore de
« SINGES, » dans ses lettres du 1ᵉʳ mars 1764 à Dalembert et du 30 avril 1771 à Catherine ; dit « qu'en France
« il y a trop de *sots* » (5 septembre 1752) ; et il écrit à
Dalembert : « Notre nation ne *mérite pas* que vous *dai-
« gniez* raisonner beaucoup avec elle. » (17 septembre
1761.)

Le gouvernement français n'ayant point permis la
circulation en France des écrits de Catherine , Voltaire s'écrie :

« J'avais lu que dans une contrée de l'Occident, appelée
le pays des Welches, le gouvernement avait défendu l'entrée du meilleur livre et du plus respectable que nous
ayons ;... je ne pouvais le croire. On donne ce livre à exa-
miner... comme si c'était un livre ordinaire ! comme si un
polisson de Paris était juge des *ordres* d'une souveraine, et
de quelle souveraine ! Ce maroufle imbécile trouve des pro-

positions téméraires, malsonnantes, offensives pour une oreille welche... Et je suis encore chez les Welches ! Et je respire leur atmosphère ! et il faut que je parle leur langue ! Non... Sont-ce donc ces maximes *divines* que les Welches n'ont pas voulu recevoir ! Ils méritent... ils méritent... ils méritent... tout ce qu'ils ont. » (A Catherine, 10 juillet 1771).

Il ne restait plus à Voltaire qu'à abdiquer sa patrie. C'est ce qu'il ne manqua pas de faire. Il proteste contre son titre de Français et y renonce. A diverses dates, il écrit à Frédéric :

Vous êtes fait pour être MON *roi*, bien plus assurément que saint François d'Assise ou saint Dominique pour être mes saints. C'est donc à MON *roi* que j'écris...

> Votre esprit, votre ardeur guerrière
> Des Français se feront chérir ;
> Vous aurez le double plaisir
> *Et de nous* VAINCRE *et de nous* PLAIRE...

L'envoyé de Votre Majesté peut dire à présent : LES FRAN-ÇAIS SONT TOUS PRUSSIENS...

O Paris, sois digne, *si tu peux*, du vainqueur que *tu recevras dans ton enceinte* irrégulière et crottée...

Sire, me voilà dans Paris ; c'est, je crois, VOTRE CAPI-TALE...

Je n'y puis plus tenir, le côté de votre aimant *m'attire* trop fort, tandis que le côté de l'aimant de la France ME REPOUSSE...

En mai 1773, il glorifiait l'idée de «mourir prussien;» mais il préfère se faire russe. Il écrit à Catherine : « Madame, il est vrai que je ne suis qu'à un mille « de la frontière des Welches, mais je ne veux pas « mourir parmi eux... Daignez observer, Madame, que « je ne suis point Welche; *je suis Suisse*, et si j'étais « plus jeune, JE ME FERAIS RUSSE. » (18 octobre 1771.)

Il va plus loin, et, écrivant de nouveau à Catherine, il signe : « Votre vieux *Russe de Ferney* » (9 avril 1774), en ajoutant : « J'ignore absolument en quels termes est

« actuellement votre empire avec le *petit* pays des
« Welches, qui prétendent toujours être Français ; pour
« moi, j'ai l'honneur d'être un vieux Suisse *que vous*
« *avez naturalisé votre sujet.* » (7 juillet 1775.)

Et Catherine lui répond : « *Je sais que vous êtes bon*
« *Russe.* »

Il l'était, en effet, comme nous le verrons plus loin.

XVII

VOLTAIRE JOYEUX DES DÉSASTRES DE LA FRANCE.

Détestant la France, Voltaire se réjouissait de ses désastres et était pour ses ennemis contre elle. Frédéric de
Prusse, son ami, ayant défait nos troupes, en 1757, à la
bataille de Rosbach, qui fut pour nous comme un autre
Waterloo, la France entière était plongée dans le deuil
et la stupeur, notre honneur national était blessé au vif
et sanglotait pour ainsi dire. Un seul homme témoigna
de la joie et se hâta de féliciter le vainqueur. Cet homme
c'était Voltaire. Le lendemain de Rosbach il écrivit deux
lettres à Frédéric pour lui dire combien il était heureux
de ses triomphes sur nous ; et Frédéric répondit à ses
félicitations en disant : « Je vous remercie *de la part*
« *que vous prenez* aux heureux hasards qui m'ont se-
« condé. » (16 janvier 1758.)

Six mois après, voici en quels termes il célèbre en
vers la défaite des Français (Welches), ses concitoyens.
Qu'on nous pardonne cette citation nécessaire :

> Héros du Nord, je savais bien
> Que vous aviez vu les derrières
> Des guerriers du roi très-chrétien,
> A qui vous taillez des croupières ;
> Mais que vos rimes familières
> Immortalisent les beaux c...
> De ceux que vous avez vaincus,
> Ce sont des faveurs singulières...
> Nos blanc-poudrés sont convaincus
> De tout ce que vous savez faire...

Cette défaite de Rosbach fait à tel point ses délices qu'il ne peut en détacher sa pensée. En effet, sept ans après, elle est encore l'objet de ses grossières plaisanteries. Le 27 avril 1775, il écrit à Frédéric, qui lui avait envoyé son portrait : « Il n'y a point de Welche « qui ne tremble en voyant ce portrait-là. *C'est précisé-* « *ment ce que je voulais.*

> Tout Welche qui vous examine
> De terreur panique est atteint,
> Et chacun dit à votre mine
> Que dans *Rosbach* on vous a peint.

Déjà Voltaire disait à Frédéric, le 28 mars 1775 : « Toutes les fois que j'écris à Votre Majesté sur une « affaire un peu sérieuse, je tremble *comme nos régi-* « *ments à Rosbach.* »

Ailleurs il lui mandait :

Tandis que Votre Majesté fait probablement manœuvrer trente ou quarante mille guerriers, je crois ne pouvoir mieux prendre mon temps pour lui présenter la bataille de Rosbach dessinée par d'Estallonde...

> Chaque peuple, à son tour, a régné sur la terre
> Par les lois, par les arts, et surtout par la guerre.
> *Le siècle de la Prusse est à la fin venu.*
>
> . . . .
> Quoi ! c'est donc cet heureux vainqueur
> Et de l'Autriche et *de la France !*

Le 17 novembre 1774, il écrivait au roi de Prusse : « Vous apprendrez aux Welches à détester le fana- « tisme, *comme vous leur avez appris le métier de la* « *guerre, si tant est qu'ils l'aient appris.* » Enfin, le 7 décembre 1774, il revenait de nouveau à sa pensée favorite, en disant : « Vous souvenez-vous d'une pièce « *charmante* que vous daignâtes m'envoyer il y a plus « de quinze ans, dans laquelle vous dépeigniez si bien :

> Ce peuple *sot* et *volage,*
> Aussi *vaillant au pillage*
> QUE LACHE DANS LES COMBATS ?

Dans la plupart de ses lettres à Frédéric, notamment dans celles de 1774, avril 1777, 21 janvier et mai 1775, Voltaire se plaît à insulter la France, et dans cette dernière lettre il dit : « L'uniforme prussien ne doit « servir qu'à FAIRE METTRE A GENOUX LES WELCHES. »

XVIII

VOLTAIRE ENNEMI DE LA POLOGNE ET DE SES ALLIÉS.

Ennemi de la France, Voltaire était bien Russe et Prussien, comme il s'en vantait. Ami de Catherine et de Frédéric, qui se partageaient alors la Pologne assassinée par eux, il applaudissait de toutes ses forces à ce grand crime national, le favorisait de tout son pouvoir, le chantait en prose et en vers, et déchaînait toutes ses fureurs contre la France et la Turquie parce qu'elles venaient au secours de cette noble et infortunée nation. Pour se faire une idée de son cynisme en cette circonstance, il faut lire l'ouvrage de M. Romain Cornu, intitulé *Voltaire complice et conseiller du partage de la Pologne.*

Le 18 novembre 1771 il écrit à Frédéric : « On dit, « Sire, que c'est vous qui avez imaginé le partage de la « Pologne, et je le crois, parce qu'*il y a là du génie…*» Le roi de Prusse ayant fait de mauvais vers contre les Polonais, il lui dit : « Il est *plaisant* de détruire les gens « et de les chanter. » (1er février 1772.) Le même Frédéric ayant envoyé à Voltaire une médaille où il était proclamé *libérateur*, *pacificateur* et *restaurateur* de la Pologne, celui-ci lui répond :

Sire, la médaille est belle, bien frappée ; la légende est *noble* et *simple.* Mais surtout la carte que la Prusse jadis polonaise présente à son maître fait un très-bel effet…

> La Paix a bien raison de dire aux palatins :
> Ouvrez les yeux, le diable vous attrape ;
> Car vous avez à vos puissants voisins,
> Sans y penser, longtemps servi la nappe.
> Vous voudrez donc bien trouver bel et beau
> Que ces voisins partagent le gâteau…

C'est assurément le vrai gâteau des rois, et *la fève a été coupée en trois parts...* On prétend que parmi *ces Français si babillards* il s'en trouve qui ne disent mot et qui n'en agissent pas moins sous terre... C'est assurément une chose *comique* que le même homme se soit moqué si légèrement des palatins pendant six chants entiers, et en ait eu un royaume pour sa peine... Jamais on n'a fait un poëme ni pris un royaume avec tant de facilité. Vous voilà, Sire, le fondateur d'une très-grande puissance ; vous tenez un des bras de la balance de l'Europe, et la Russie devient un monde nouveau. Comme tout est changé, et que je me sais bon gré d'avoir vécu pour voir tous ces grands changements !... Je ne sais quand vous vous arrêterez, mais je sais que l'aigle de Prusse va bien loin. *Je supplie cet aigle* de daigner jeter sur moi chétif, du haut des airs où il plane, un de ces coups d'œil *qui raniment le génie* éteint. Je suis *à vos pieds*, comme il y a trente ans, mais bien affaibli ; je regarderai le *regno redintegrato* (la médaille) quand je voudrai reprendre mes forces. — *Votre vieux idolâtre.* » (16 octobre 1772.)

Le 1ᵉʳ novembre suivant, Frédéric parle « de ces « *excréments des nations*, des Français qui vont faire le « métier de *brigands* en Pologne. » Voltaire applaudit et prétend établir la supériorité du Nord sur la France : « C'est là, dit-il, *qu'on partage les provinces d'un trait* « *de plume*, qu'on dissipe des confédérations et des sé- « nats en deux jours, et qu'on se moque surtout *très-* « *plaisamment* des confédérés (Polonais)... »

Le sultan Mustapha étant venu au secours de la Pologne, de concert avec la France, Voltaire rugit de fureur, et écrit à Frédéric : « Vous devriez bien vous « arranger pour attraper les dépouilles de ce GROS « COCHON. » (27 avril 1770.) Catherine menaçant notre influence en Orient par la guerre contre la Turquie, il ne se possède plus de joie, et s'écrie : « J'ai pris parti « pour Catherine II, l'Étoile du nord, contre Mustapha, « le *cochon* du Croissant. » Le 30 octobre 1769, il écrit à Catherine : « Votre Majesté impériale me rend la vie « en *tuant* les Turcs. »

Enfin, s'il abhorre les Turcs parce qu'ils sont les alliés de la Pologne, il n'a pas moins de haine contre les Français qui sont allés au secours de cette grande et malheureuse nation. Le chevalier de Boufflers étant de ce nombre, Voltaire écrit à Catherine : « Je supplie « Votre Majesté de le prendre prisonnier de guerre. » (6 juillet 1771.) Le 18 octobre suivant, il dit : « Ma- « dame, j'ai le cœur navré de voir qu'il y a de mes « compatriotes parmi ces *fous* de confédérés. Nos Wel- « ches n'ont jamais été trop sages..... Il est *bien hon-* « *teux* et *bien fou* qu'une trentaine de blancs-becs de « mon pays aient L'IMPERTINENCE de vous aller faire la « guerre. Ce sont les Tartares qui sont polis, et *les Fran-* « *çais sont devenus des Scythes.* »

Ses autres lettres sont plus explicites encore et con- cluent à ce que les Français qui ont eu l'audace d'aller au secours de la Pologne méritent qu'on les fasse mourir de faim et qu'on les déporte en Sibérie. On peut en juger par ces simples extraits :

Nos *extravagants* de chevaliers errants, qui ont couru sans mission vers la zone glaciale combattre pour le *libe-rum veto*, méritent à coup sûr toute votre indignation... Nos *Don Quichotte* welches..... ont été très-imprudents, *très-injustes.* Mon héroïne prenait dès ce temps-là un parti plus *noble* et plus utile, celui de détruire l'anarchie en Pologne, en rendant à chacun ce que chacun *croit lui appartenir*, et *en commençant par elle-même.* (A Cathe-rine, 29 mai 1772.)

J'ai bien un autre chagrin, c'est que mes compatriotes soient dans Cracovie, au lieu d'être à Paris. (A Catherine, 12 mars 1772.)

Tandis qu'un de nos Français entrait, dit-on, comme un blaireau dans Cracovie, je mets à vos pieds mes respects et mes chagrins. Ces chagrins sont que des gens de ma nation s'avisent d'aller combattre chez les Sarmates... *Cela me paraît le comble de l'absurdité, du ridicule et de l'injus-tice.* (A Catherine, 6 mars 1772.)

Une autre *peste* est celle des confédérés de la Pologne.

Je me flatte que Votre Majesté Impériale *les guérira de leur maladie contagieuse.* Nos chevaliers welches qui ont été porter leur inquiétude et leur curiosité chez les Sarmates DOIVENT MOURIR DE FAIM *s'ils ne meurent pas du charbon...* Voilà une *plaisante* croisade qu'ils ont voulu faire! Cela ne servira pas à faire valoir la prudence et la galanterie de *ma chère nation.* (A Catherine, 1er janvier 1772.)

Si ces fous de confédérés étaient des êtres capables de raison, vous les auriez persuadés, vous les auriez ramenés au droit sens; mais je sais un remède qui les guérira. J'en ai un aussi pour les petits maîtres sans aveu qui abandonnent Paris pour venir servir de précepteurs à des BRIGANDS. *Ce dernier remède vient en* SIBÉRIE : *ils le prendront sur les lieux.* (A l'impératrice, 19-30 mars 1772.)

La Pologne égorgée, démembrée, anéantie, les Polonais et les Français allant mourir en Sibérie, rien ne réjouit plus Voltaire. Aussi, en donnant ces nouvelles au duc de Richelieu, lui écrit-il : « Voici quelque chose qui vous *amusera.* » (21 novembre 1772.)

<h1 style="text-align:center">XIX</h1>

HAINE DE VOLTAIRE POUR PARIS, LA PRESSE ET LES ÉCRIVAINS.

Voltaire haïssait Paris, non moins que la France et la Pologne, et exécrait la presse et les écrivains. Dans ses lettres à de Formont et à d'Argental du 3 octobre 1758 et du 6 mai 1768, il exprime un profond mépris pour Paris et ses hommes de lettres ; et voici ce qu'il en dit encore ailleurs :

Paris est une grande BASSE-COUR *composée de* COQS D'INDE *bui font la roue et de* PERROQUETS *qui répètent des paroles sans les comprendre.* On leur envoie de Versailles leur *pâture;* ils font du bruit, et Versailles les laisse crier. (Lettre à M. Chabanon, 12 avril 1776.)

A Paris, le beau monde veut des nouveautés, et la *cavaille immense des écrivains subalternes* attend ces nouveautés pour faire rire et pour *gagner un écu.* (30 janvier 1778.)

Les Parisiens passent leur temps à élever des statues et à les briser. Ils se divertissent à siffler et à battre les mains; et *avec bien moins d'esprit que les Athéniens, ils en ont tous les défauts*, et sont encore plus excessifs.

Je m'affermis tous les jours dans l'opinion qu'il ne faut pas perdre un demi-quart d'heure de sommeil pour leur plaire. (*A* Mme *de Fontaine*, 26 janvier 1758.)

Que Paris est bête! (A Dalembert, 5 février 1758.)

Jugez si je suis en état d'aller à Paris. Pourrais-je fermer ma porte, n'ayant point de portier, *à toute* LA RACAILLE DES POLISSONS *soi-disant gens de lettres* qui auraient la sotte curiosité de venir voir mon squelette ? (*A d'Argental*, 30 décembre 1774.)

Voltaire avait en horreur les journalistes, comme il le dit formellement dans sa lettre du 3 novembre 1767 à M. Moreau. Dès 1764, il écrivait à Champfort : « Les feuilles volantes sont *la peste de la littérature.* » Dans une lettre à M. de Vilette, le 24 septembre 1777, il appelait les écrivains de Paris : « LA CANAILLE DE LA « LITTÉRATURE, *plus insolente et plus dangereuse que* « *la canaille des halles.* »

Dans sa lettre du 3 janvier 1723, dans celle du 23 décembre 1753 à Mme Denis, et dans son *Commentaire historique*, il traite les écrivains et les littérateurs de « canaille » et de « gredins. » Le 30 avril 1771, il écrit à l'impératrice Catherine : « A l'égard des welches, *les* « *premiers singes de l'univers,* ils font toujours beau- « coup de livres, sans qu'il y en ait un seul bon. » Le 9 février 1767, il dit au cardinal de Bernis : « J'avoue « que les *polissons* qui, de leur grenier, gouvernent le « monde avec leur écritoire, *sont la plus sotte espèce de* « *tous.* Ce sont les DINDONS DE LA BASSE-COUR qui se « rengorgent. » Le 24 septembre 1766, il mande à Damilaville : « *La* CANAILLE LITTÉRAIRE *est ce que je* « *connais de* PLUS ABJECT *dans le monde.* L'auteur « du *Pauvre diable* a raison de dire qu'il fait plus de « cas d'un ramoneur de cheminées, qui exerce un

« métier utile, que de tous ces écornifleurs du Par-
« nasse. »

XX

VOLTAIRE ET JEANNE DARC.

Ennemi de la France et joyeux de ses désastres, Voltaire entreprit de la déshonorer en trainant dans la fange
la plus pure et la plus sainte de nos gloires nationales,
Jeanne Darc, cette héroïne qui expia son sublime patriotisme dans les flammes d'un bûcher. Il publia sous
le titre de *la Pucelle* ce poëme dont l'immonde obscénité n'a pas de nom. C'est l'ouvrage qu'il corrigea le
plus longtemps, dont il s'applaudissait le plus, dit Chabanon (p. 150), celui qu'il aimait à lire à ses amis, qu'il
faisait copier à ses adorateurs, et que, suivant Wagnière
(p. 25), il demandait pour se distraire de ses souffrances
ou de ses moments d'ennui.

Qui pourrait qualifier ce livre ignoble, exécrable que
Mme de Staël appelle « un crime de lèse-nation, » et
dont M. Amédée Duquesnel dit dans son *Histoire
des lettres*, XVIIIe siècle : « Il s'est rencontré un
« homme assez éhonté pour salir l'héroïne la plus su-
« blime que les annales du monde entier aient jamais
« présentée à l'admiration du genre humain ; pour traî-
« ner dans la boue tout ce qu'il y a de plus sacré : la
« religion, la pureté de la femme, la gloire de la patrie. »

Dès son apparition, cet ouvrage infâme excita une
explosion d'indignation publique et ferma à son auteur
les portes de la capitale. Aussi Voltaire se hâta-t-il de
le faire désavouer par Collini, son secrétaire, par ses
amis, de le désavouer lui-même et d'en manifester son
horreur.

Dès le 8 septembre 1754, il avouait à d'Argental
« que *ce serait une bombe qui crèverait tôt ou tard pour
« l'écraser.* »

Plus tard, il écrivait aux syndics de la librairie de
Paris :

2.

« La librairie, messieurs, est en France un établissement
« trop noble pour que je ne vous prie pas de vous joindre
« à moi, afin d'empêcher qu'on l'avilisse. J'apprends qu'un
« imprimeur, le sieur Prieur, a acheté une partie de mes
« *Mémoires* ; je déclare que ces *Mémoires* m'ont été volés
« et ne sont pas faits pour voir le jour. La seconde préva-
« rication est l'impression d'un ouvrage impertinent, com-
« posé par quelques jeunes gens sans goût et sans mœurs,
« sur un ancien canevas que j'avais fait il y a plus de
« trente ans, intitulé *la Pucelle d'Orléans*. Les fragments
« de cette INDIGNE RAPSODIE, qui court Paris sous mon nom,
« m'ont été envoyés, ils DÉSHONORERAIENT la librairie, et je
« vous fais les plus vives instances pour prévenir le débit
« de ces *œuvres de ténèbres*. »

Tout en jugeant ainsi ses propres œuvres, Voltaire,
presque le même jour, en août 1755, écrivait à ce sujet
au duc de Richelieu :

« La voulez-vous pour vous amuser, monseigneur?... Quoi,
qui? *la Pucelle, la Pucelle, la Pucelle!* Je vous l'enverrai
par la voie que vous m'ordonnerez ; vous l'aurez plus com-
plète et plus finie que personne, et cela ne laissera pas que
d'égayer votre belle imagination ; c'est le vrai bréviaire de
mon héros. »

Il n'en rougissait pas moins de l'ignominie de son
livre, car il mandait à d'Argental :

« L'ouvrage, tel que je l'ai fait, il y a plus de vingt ans,
est aujourd'hui *un contraste bien désagréable* avec mon
état et mon âge (24 mai 1755).
« C'est un très-grand malheur que la publicité de ce
manuscrit, qui inonde l'Europe sous le nom de *la Pucelle
d'Orléans* ; un *desaveu* modeste est le seul palliatif que je
puisse opposer à ce *mal* sans remède. *Je suis si honteux*
qu'à mon âge on réveille ces plaisanteries indécentes, QUE
MES MONTAGNES NE ME PARAISSENT PAS AVOIR DE CAVERNES
ASSEZ PROFONDES POUR ME CACHER (10 novembre 1755). »

XXI

Voltaire ne cessait de prêcher la fraude et le mensonge, et répétait : « Mentez, mes amis, mentez ; je vous
« le rendrai dans l'occasion... Mentez, il en reste tou-
« jours quelque chose. » Le 21 octobre 1736, il écrivait
à Thiriot : « *Le mensonge est une très-grande vertu*
« *quand il fait du bien...* Soyez donc plus *vertueux* que
« jamais : il faut mentir *comme un diable*, non pas timi-
« dement, non pas pour un temps, *mais hardiment et*
« *toujours...* » (OEuvres générales, tome 52, p. 326.)

Voltaire, comme nous venons déjà de le voir, désavouait publiquement tous ses livres et ses actes. Ainsi,
après la publication de son *Dictionnaire philosophique*,
il écrivait à Dalembert : « Dès qu'il y « aura le moindre
« danger, je vous prie en grâce de m'avertir afin que je
« *désavoue l'ouvrage* dans tous les papiers publics AVEC
« MA CANDEUR ET MON INNOCENCE ORDINAIRES. » (19 septembre 1764.)

Il ne se borne pas à désavouer ce *Dictionnaire philosophique*, mais il feint de ne le pas connaître, d'en
chercher partout un exemplaire, et après l'avoir lu,
voici ce qu'il dit à d'Alembert de son propre écrit :
« Vraiment, j'ai lu ce dictionnaire *diabolique, il m'a*
« *effrayé* comme vous ; mais *le comble de mon afflic-*
« *tion* est qu'il y ait des chrétiens assez indignes de ce
« beau nom pour me *soupçonner* d'être l'auteur d'un
« ouvrage aussi antichrétien... C'est une *abominable*
« *production.* »

Voltaire fait plus encore : par un raffinement d'hypocrisie, il raconte avec une feinte horreur la scène suivante, dont il était lui-même le principal acteur.

En vérité, *le cœur saigne* quand on voit les progrès des
mécréants. Figurez-vous que neuf ou dix *prétendus* philo-

sophes, qui à peine se connaissent, vinrent ces jours passés souper chez moi. L'un d'eux (c'était lui-même), en regardant la compagnie, dit : Messieurs, je crois que le Christ se trouvera mal de cette séance...

Ils saisirent tous ce texte. Je les prenais pour les conseillers du prétoire de Pilate!... Je vous avoue que *les cheveux me dressaient sur la tête*. J'eus beau leur représenter les prophéties accomplies, les miracles opérés, les raisons convaincantes d'Augustin, de l'abbé Houteville et du Père Garasse, on me traita d'imbécile. Enfin *la perversité est venue au point* qu'il y a dans Genève une assemblée, qu'ils appellent *Cercle*, où l'on ne reçoit pas un homme qui croie au Christ ; et quand ils en voient passer un, ils font des exclamations à la fenêtre, comme les petits enfants quand ils voient un capucin pour la première fois.

J'ai le cœur serré en vous mandant ces *horreurs ;* elles enflammeront peut-être votre zèle... Je me flatte que votre d'Argenson, mon contemporain, est mort avec componction et avec extrême-onction. C'est là un des grands agréments de ceux qui ont le bonheur de mourir chez vous (en France) ; on ne leur épargne, Dieu merci, aucune des consolations qui rendent la mort si aimable. Toutes ces choses-là sont *si sages !...*

XXII

HYPOCRISIE RELIGIEUSE DE VOLTAIRE.

L'hypocrisie de Voltaire dépasse tout ce qu'on peut imaginer. Aussi le roi de Prusse, qui le connaissait bien, le nomme-t-il « *un fourbe consommé* (lettre à Darget.) » Nous avons déjà montré comment il désavouait publiquement tous ses écrits « *avec sa candeur et son innocence ordinaires ;* » comment il les flétrissait du nom d'œuvres *infâmes* et *abominables*, en même temps qu'il les prônait et les célébrait ailleurs. Il se posait en martyr de la haine et de la calomnie qui lui attribuaient, disait-il, ces ouvrages pour faire douter de sa piété, et ajoutait du ton le plus dévot, en écrivant à l'évêque de Mirepoix : « Grâce au ciel, la religion m'apprend qu'il « faut savoir souffrir. Le Dieu qui l'a fondée, dès qu'il a

« daigné devenir homme, fut le plus persécuté de tous
« les hommes ; après un tel exemple c'est presque un
« crime de se plaindre. Je peux dire, devant Dieu qui
« m'écoute, que je suis bon citoyen et *vrai catholique*,
« et je le dis parce que je l'ai toujours été de cœur ;
« mes ennemis me reprochent je ne sais quelles *Lettres*
« *philosophiques* ; la plupart de celles qu'on a impri-
« mées sous mon nom ne sont pas de moi, j'avais lu à
« M. le cardinal de Fleury celles qu'on a si indignement
« falsifiées (Paris, octobre 1743). »

Or c'est lui-même qui, en les lisant au cardinal de
Fleury, les avait « si indignement falsifiées, » comme
il ose s'en vanter en écrivant ainsi, en novembre 1732, à
son ami Formont : « J'avais pris soin, en lui lisant les
« *Lettres*, de retrancher tout ce qui pouvait effaroucher
« Sa dévote et sage Eminence ; il a trouvé ce qui res-
« tait encore assez plaisant, mais *le pauvre homme ne*
« *sait pas ce qu'il a perdu.* »

Voltaire ayant tiré le sujet et les plus belles scènes de
sa *Mérope* de celle du marquis de Maffey, dédiait sa
pièce à celui-ci comme un hommage ; mais en même
temps il publiait, sous le nom de l'abbé Lalandelle, une
lettre dans laquelle la tragédie de Maffey était critiquée
avec la plus révoltante injustice.

La tragédie de *Mahomet* ayant été suspendue à Paris
comme attaquant la religion, il l'adresse à Rome, au
Pape Benoît XIV, en appelant ce pontife « l'honneur et
le père du monde (*decus et pater orbis*), » et en lui
disant : « Je baise vos pieds sacrés. » Mais, d'un autre
côté, il écrit à d'Argental (21 juin 1761) : « Ma destinée
« est de *bafouer Rome* et de la faire servir à mes petites
« volontés... » Il ajoutait plus tard : « Le temps viendra
« où nous mettrons les Papes sur le théâtre comme les
« Grecs y mettaient Atrée et Thyeste, *qu'ils voulaient*
« *rendre odieux.* » (28 février 1764.)

Nous ne rappellerons pas la manière horrible dont il
déchirait ceux qui l'avaient comblé de bienfaits et aux-

quels il prodiguait dans ce moment même les plus vifs témoignages d'amitié. Ne pouvant relever ici les divers traits de cette hypocrisie, nous nous bornerons à citer ceux qui ont le caractère le plus infâme, celui de sacriléges.

Jamais homme ne se déchaîna avec une fureur plus implacable contre le Christ et le christianisme qu'il appelait l'*infâme*. Il n'avait qu'un cri perpétuel : *Écrasons l'infâme*, c'est à-dire écrasons le Christ et le christianisme. Il répète ce cri de rage dans chacune de ses lettres, comme on peut le voir par ces quelques extraits :

Je voudrais que vous écrasassiez l'infâme. C'est là le grand point, il faut la réduire à l'état où elle est en Angleterre. (A Damilaville, 23 juin 1760.)

Mon aversion pour cet infâme ne fait que croître et embellir. (13 octobre 1760.)

J'avoue qu'on ne peut pas attaquer l'infâme tous les huit jours par des écrits raisonnés, mais on peut aller *per domos* semer le bon grain. (A Thiérot, 18 juillet 1760.)

Plus je vieillis, plus je suis hardi. (19 mars 1761.)

Le premier des devoirs est d'anéantir l'infâme. (20 avril 1761.)

On embrasse les philosophes, et on les prie d'inspirer pour l'infâme toute l'horreur qu'on lui doit. (A Damilaville, 8 mai 1761.)

Est-il vrai qu'il y a des prêtres embastillés? C'est le bon temps pour écraser l'infâme. (4 mars 1764.)

Dès que j'ai un moment de relâche, je songe à porter le dernier coup à l'infâme. Je crois que la meilleure manière de tomber sur l'infâme *est de paraître n'avoir nulle envie de l'attaquer...* (1er juin 1864.)

Même cri dans toutes ses autres lettres, notamment dans celles du 17 septembre 1760, 28 juillet, 13 décembre 1762 et 24 février 1763 à Damilaville; 5 mars 1763 à M. de Crosne; 23 mai 1764; et 1768 à Dalembert. Le lieutenant de police Hérault lui ayant dit un jour : « Quoi que vous écriviez, vous ne viendrez point

« à bout de détruire la religion chrétienne; » Voltaire lui répondit : « *C'est ce que nous verrons.* »

Eh bien ! qui le croirait? jamais homme ne multiplia autant que lui les actes, professions de foi, significations et déclarations notariés, authentiques et solennelles de communions, d'orthodoxie et de pratiques religieuses, ainsi qu'on le verra plus loin dans les deux chapitres intitulés : *Rétractations de Voltaire.*

Il prit le titre, le diplôme et la signature de capucin; eut pendant dix ans un jésuite pour aumônier; se donna comme l'enfant et l'ami des jésuites ; écrivit au pape en le nommant « vicaire et imitateur du Dieu de paix et de « vérité, » et en lui disant : « Je me prosterne et je baise « vos pieds sacrés, » en reçut des reliques et des médailles ; bâtit une église, assista le dimanche à la grand'messe, fit des sermons à ses vassaux, convertit des calvinistes ; fit recevoir les derniers sacrements à ses connaissances en danger de mort ; se confessa, communia et reçut lui-même les sacrements à diverses époques de sa vie, notamment en 1724, 1754, 1760, 1768, 1769 et 1778. Enfin « il soumit tous ses écrits au jugement de l'Église, » déclara sans cesse vouloir « vivre et mourir au sein de la religion catholique, apostolique et romaine, » et affecta toutes les démonstrations de la plus fervente piété.

Il est vrai qu'en même temps il traitait ses communions de *petites facéties*, son évêque d'*imposteur*, la religion d'*infâme*, et qu'il se vantait lui-même de tromper indignement le cardinal de Fleury, les évêques de Sens, de Mirepoix, de Genève et le P. Delatour, provincial des jésuites, auquel il avait remis la profession de foi de la plus pure orthodoxie.

Le 30 janvier 1761, il écrivait à son ami d'Argental : « Qu'il allait communier parce qu'il n'avait pas cent « mille hommes à sa disposition. » Il avait déjà communié plusieurs fois à Paris et à Colmar. Lorsqu'il fit publiquement ses Pâques en 1768, Dalembert et d'Argental lui en ayant fait des reproches, il répondit à ce dernier, le 22 avril, quelques jours seulement après avoir reçu ce sacrement : « Je me trouve entre deux évêques « du quatorzième siècle ; il faut hurler avec ces *sacrés* « loups !.. Si j'étais à Abbeville, je communierais tous les « quinze jours ! » Mais le 23 avril 1773, il disait à madame de Necker : « Je n'ai pas reçu cette fois-ci les sa-« crements ; on s'était trop moqué à Paris de cette « PETITE FACÉTIE. »

Petite facétie! Voilà comment Voltaire nommait le comble de l'hypocrisie et du sacrilége. Que dis-je? Il y joignait des blasphèmes tels qu'il nous est impossible de les reproduire. La marquise du Deffand lui ayant écrit le 10 avril 1769, au sujet de ses communions publiques, il lui répond avec un redoublement d'impiété, le 24 du même mois, neuf jours à peine après cet acte religieux et sa profession de foi la plus solennelle :

« Eh bien, Madame, je suis plus honnête que vous. Vous ne voulez pas me dire avec qui vous soupez, et moi je vous avoue avec qui je DÉJEUNE... Le médecin (l'évêque de Genève) du canton que j'habite est un ignorant de très-mauvaise humeur, qui s'est imaginé que je faisais très-peu de cas de ses ordonnances... Vous ne savez pas sans doute qu'un soi-disant ci-devant ex-jésuite Nonnotte me déféra, il y a quelques mois, à Rezzonico (le pape), premier médecin de Rome ; que Rezzonico lui envoya à Besançon, où il réside, un bref dans lequel je suis atteint et convaincu de plusieurs maladies incurables ; il est vrai que ce bref n'est pas tout à fait aussi violent que celui dont on a affublé le duc de Parme ; mais j'y suis menacé de mort subite (l'excommunication). Vous savez que je n'ai pas deux cent mille hommes à mon service et que je suis quelquefois un peu goguenard. J'ai donc pris le parti de rire de la médecine avec le plus profond respect, et de DÉJEUNER comme les autres... » (Ici notre plume s'arrête forcément pour ne pas retracer les horribles blasphèmes qu'il ajoute) « ... Il y a eu à cette occasion des *friponneries* de la Faculté (le clergé), si singulières, que je ne puis vous les mander, pour ne pas perdre de pauvres diables qui se sont *saintement parjurés* pour me rendre service... »

XXIII

INTOLÉRANCE DE VOLTAIRE.

Voltaire, dit-on, prêcha la tolérance. Oui, mais la tolérance pour le mal, l'erreur, l'immoralité, le vice, l'impiété, le crime, et l'intolérance pour le bien, la vérité, la justice, la foi, la piété, la vertu. Il voulait la liberté pour lui et les siens, mais l'exclusion pour les autres.

Considérant le littérateur la Beaumelle comme un adversaire, il le dénonça, à son retour en France, et le fit enfermer à la Bastille.

On sait avec quelle rage il poursuivit jusqu'à sa mort le malheureux Fréron, qui n'avait commis d'autre crime que de juger ses ouvrages avec la plus grande équité et la plus grande modération. Il écrivait à d'Argental : « Pourquoi permet-on que ce coquin de Fréron succède « à ce maraud de Desfontaines ? Pourquoi Raffiat après « Cartouche ? Bicêtre en est plein. » (24 juillet 1749.) Il le surnomma Frélon, le traîna sur la claie dans ses écrits, le mit en scène dans la pièce *l'Ecossaise*, parvint à le faire passer pour fou, à répandre le bruit qu'il avait été condamné aux galères, et enfin à faire interdire son journal, *l'Année littéraire*, dernier coup qui fit mourir presque subitement Fréron, le 10 mars 1776 (1).

C'est avec non moins de fureur qu'il avait poursuivi Desfontaines. Au moment même où il lui écrivait amicalement, il vomissait contre lui mille outrages et mandait à Berger : « Qu'est devenu Desfontaines ? Dans « quelle loge a-t-on mis *ce chien* qui mordait ses maî- « tres?» (2 février 1736). Ailleurs il l'appelait un « *monstre*

(1) Voir la savante et curieuse étude de M. Maynard, *Voltaire et Fréron*, et le remarquable article de M. Jules Janin, publié dans e *Musée des Familles*, 3ᵉ volume, p. 11 à 25.

« subalterne. » (A. Thiérot, 27 septembre 1737.) Il publia contre lui un pamphlet intitulé *le Préservatif*, dans lequel il lui lançait une accusation infâme dont lui-même avait reconnu précédemment la fausseté. Desfontaines ayant répondu par la *Voltairomanie*, Voltaire voulait à tout prix faire condamner le livre et l'auteur. Le 25 janvier 1739, il écrivait à son ami d'Argental : « Un outrage pareil toléré par la magistrature est un « affront aux belles-lettres ; une réparation convenable « ferait honneur au ministère. Au nom de Dieu, que « j'obtienne quelque satisfaction ! Ne pourrais-je du « moins obtenir qu'on *brulât* le libelle. » Il porta l'affaire devant le lieutenant de police Hérault et fit forcer Desfontaines à signer un désaveu.

Se venger de simples critiques littéraires en tuant Fréron, en faisant emprisonner la Beaumelle, en forçant à un désaveu Desfontaines, ce ne fut là qu'un jeu pour Voltaire. Il écrivait à Jean-Baptiste Rousseau : « Je vous « supplie, Monsieur, de compter toute votre vie sur moi « comme sur le plus zélé de vos admirateurs. » Mais dès que la franchise du poète lui déplut, il excita contre lui le duc d'Aremberg, qui lui retira la table et le logement. Il s'opposa de tous ses efforts à son rappel de l'exil, et répétait souvent qu'il partirait de France le jour où y rentrerait J.-B. Rousseau (Lettre de Mme Duchâtelet au comte d'Argental, 1765), qu'il accabla toute sa vie et persécuta jusque dans la tombe. Voici un échantillon des vers qu'il publia contre lui :

> Aussitôt le dieu qui m'inspire
> T'arrache le luth et la lyre
> Qu'avaient *déshonorés* tes mains.
> Tu n'es plus qu'un REPTILE IMMONDE,
> *Rebut du Parnasse et du monde*
> Enseveli dans les *venins*.

Le poëte Roy ayant fait un écrit intitulé : *Discours prononcé à la porte de l'Académie par M. le directeur qui ne voulait pas l'ouvrir à Voltaire*, celui-ci furieux écrivit, en février 1746, à M. de Moncrif, lecteur de la reine : « Que dites-vous de ce MONSTRE SORTI DES EN-« FERS? Comment la plus vertueuse des reines peut-« elle souffrir une telle audace? »

Il écrivait au jeune littérateur d'Arnaud : « Je vous « aime parce que vous faites de bons vers et que vous « êtes un bon cœur; » et en même temps il le faisait chasser de la Prusse.

Le Franc de Pompignan ayant donné pour texte à un discours de réception à l'Académie française cette phrase : « Le philosophe chrétien et vertueux mérite « seul le nom de philosophe, » Voltaire, se croyant personnellement attaqué, ameuta tous ses amis contre Pompignan et lança contre lui une satire intitulée *la Vanité*, remplie de méchanceté et dans laquelle il le couvrait de ridicule.

Il traitait Maupertuis de « cuistre, d'écolier, d'hypo-« crite et d'imbécile, malade d'une réplétion d'orgueil, » et écrivit contre lui une sanglante satire intitulée *Diatribe du docteur Akakia*. Le roi de Prusse le pria de ne pas la faire paraître; il le promit, mais en même temps il la publia clandestinement à Leyde. Frédéric indigné la fit brûler par la main du bourreau, le 24 décembre 1752.

Le président de Brosses lui ayant donné quelques leçons de probité et de raison, il fit tant qu'il l'empêcha d'être reçu à l'Académie, l'accusant faussement auprès du maréchal de Richelieu « de l'avoir trompé, d'avoir « voulu le dénoncer, » et écrivant à Dalembert : « Il « faut écarter pour toujours ce *fripon* de président. »

Le P. Berthier ayant dit dans le *Journal de Trévoux* « qu'il ne trouvait pas que les ouvrages de Voltaire « fussent supérieurs ni même égaux à ceux d'Homère « et de Virgile, » celui-ci en conçut une telle colère qu'il voua dès lors une haine violente à ses anciens maîtres les jésuites, les poursuivit partout et s'efforça de les faire chasser même de la Russie. Le 11 mai 1761,

il écrivait à Helvétius : « Est-ce que la proposition hon-
« nête et modeste d'étrangler le dernier jésuite, avec le
« boyau du dernier janséniste, ne pouvait amener les
« choses à quelque conciliation? » Le 26 janvier 1762,
il disait au comte d'Argental : « Les jésuites et les jan-
« sénistes continuent à se déchirer à belles dents : il
« faudrait tirer à balle sur eux... » Il ajoutait à Thiriot :
« Il faudrait faire travailler aux grands chemins ces
« animaux-là, jésuites et jansénistes, avec un collier de
« fer au col... »

Il traitait l'archevêque de Paris « d'homme absurde; »
l'évêque d'Annecy « de fanatique hypocrite; » Desfontaines « de sodomiste et de bouc; » l'évêque Warburton
« d'impie et de crocheteur; » et tous ses adversaires de
« bêtes puantes, faquins, cuistres, polissons, éner-
« gumènes, fripons, monstres, » etc., etc., etc.

Envieux de tous les écrivains de son temps qu'il
abhorrait, il décria principalement Racine, Lafontaine,
Boileau, Crébillon, Voiture, Montesquieu, Bossuet, Féne-
lon, Massillon. Mais rien n'égale les outrages qu'il ne
cesse de vomir contre Jean-Jacques Rousseau. Il l'appelle dans ses écrits « un échappé de Genève, un archi-
« fou, un gredin, un chien barbet, un polisson, un
« charlatan sauvage amassant les passants sur le Pont-
« Neuf... un hypocrite, un ennemi du genre humain,
« un sombre énergumène pétri d'orgueil et dévoré de
« fiel, un pied plat, un croquant qui pourrait bien
« grimper sur une échelle... »

Le 14 juin 1762, Voltaire écrivait à Damilaville : « On
« a défendu à Genève les livres de Jean-Jacques; je ne
« sais ce qu'on en fait à Paris. J'ai lu son Education
« (l'*Emile*). C'est un fatras de sotte nourrice... digne de
« cette tête sans cervelle... » Le 28 juillet 1763, il mandait au même : « Qu'un Jean-Jacques, un valet de
« Diogène, ce polisson, ait l'insolence de m'écrire que
« je corromps les mœurs de sa patrie! Le polisson! le
« polisson!... S'il vient au pays, je le ferai mettre dans

« un tonneau, avec la moitié d'un manteau sur son
« vilain petit corps. »

Voilà quelle fut la tolérance de Voltaire.

XXIV

PROBITÉ DE VOLTAIRE.

Nous avons déjà dit (chapitre II) par quels moyens
Voltaire parvint à amasser une fortune de plus de
206,000 livres de rente. Parasite des grands ; usurier
prêtant à des intérêts exorbitants ; se faisant plus vieux
qu'il n'était et feignant toutes les infirmités, toutes les
maladies pour placer son argent en viager à un taux
plus élevé ; impitoyable envers ses débiteurs, qu'il frus-
trait ; ne voulant pas payer ses billets et ses dettes ;
spéculateur, agioteur clandestin sur les blés, les tableaux,
les diamants, les fournitures de vivres et d'habits pour
les armées, il était d'une sordide avarice, se livrait à
d'incroyables lésineries et refusait ses lettres pour n'en
pas payer le port.

Afin d'augmenter sa fortune, il prenait tous les mas-
ques. Apprenant que l'abbé Arouet, son frère, janséniste zélé, était d'une santé délabrée qui annonçait
sa mort prochaine, pour avoir sa succession, qui était
considérable, « il se fit janséniste et joua le dévot personnage. Tout à coup on le vit arborer le rigoureux
costume, le grand chapeau aux ailes rabattues ; il se
mit à courir les églises. Il s'y rendait surtout aux mêmes
heures que l'abbé Arouet, et là, avec tout l'air contrit et
humilié du diacre Pàris, à genoux au milieu de la nef
ou bien debout, les bras croisés sur la poitrine, les yeux
fixés sur la terre ou sur l'autel, ou bien sur l'orateur
chrétien, il écoutait ou il priait avec toute la componction d'un pécheur revenu de ses égarements. L'abbé,
qui auparavant refusait même de le voir, crut son frère
converti, l'exhorta à la persévérance, lui donna tous

ses biens et mourut. » (Barruel, *Mémoires sur le Jaco-binisme,* t. I, p. 130).

Pour savoir comment on pouvait compter sur la parole de Voltaire, quand il avait intérêt à y manquer, il suffit de citer l'anecdote suivante, rapportée par M. Nicolardot (*Ménage et finances de Voltaire,* p. 18), consignée dans l'excellente publication *Foi et lumières* (p. 95) et lue à la Société académique de Nancy, par M Blau père, qui la tenait d'un de ses vieux amis du pays de Gex, près de Ferney, où habitait Voltaire :

Au commencement du printemps et lorsque les foins étaient chers, le comte de Tourney (Voltaire) en avait acheté sa provision par avance auprès d'un paysan qui devait la lui conduire à l'aise, l'ancienne n'étant pas encore épuisée. Celui-ci, au bout de deux mois, arrive avec ses voitures chargées. Or, la hausse n'avait pas continué ; au contraire : l'annonce d'une belle récolte avait fait baisser le taux du foin. Refus de M. de Voltaire de payer le prix convenu. Surprise du laboureur scandalisé ; persistance négative du seigneur, malgré les respectueuses observations qu'on lui adresse. — Mais enfin, Monsieur, dit le paysan poussé à bout, J'AI VOTRE PAROLE. — *Ah! tu as ma parole?* EH BIEN ! GARDE-LA ET TON FOIN AUSSI !

Ce ne sont là encore que les peccadilles de Voltaire. Mais sa vie fourmille de faits bien autrement graves, que le Code qualifie d'escroqueries et de crimes, et qui montrent quelle fut la probité de celui auquel Frédéric lui-même, son vieil ami, fit une épitaphe commençant par ces mots :

> Ci gît le seigneur Arouet
> Qui de friponner eut manie...

Qui ne sait que Voltaire, ayant vendu ses œuvres à Ledet et Desbordes, libraires à Amsterdam, les vendit de nouveau à Jorre, éditeur à Rouen, puis sollicita et obtint de M. Desforges qu'on interdît l'entrée en France de l'édition d'Amsterdam : stellionat digne des galères?

(Voy. *Lettre* à Cideville, 2 novembre 1734, et les *Révélations* de la Beaumelle.)

Qui ne sait que, manquant à tous ses engagements, il réduisit à la misère son libraire Jorre, lui fit enlever sa maîtrise par arrêt du mois de septembre 1734, et voulait par surcroît le forcer à signer une fausse déclaration, afin de se disculper lui-même devant l'opinion publique? (*Mémoire* du libraire Jorre, 1734.)

Qui ne sait que ses fraudes envers ses libraires de Londres lui valurent une volée de coups de bâton?

Qui ne sait quelles furent ses infractions scandaleuses au bail de la terre de Tourney, appartenant au président de Brosses? Ce n'est pas moins de 27,878 livres dont les héritiers de Voltaire, Mme Denis entre autres, avouent devoir le remboursement pour démolitions prohibées, dégradations aux bâtiments, dévastations aux forêts, soustractions de bestiaux, vol de linge et autres délits de ce genre. (V. l'*Histoire du président de Brosses et des parlements au* xviiie *siècle,* par M. T. Foisset.)

Qui ne sait qu'à ce même château de Tourney, Voltaire avait accaparé quatorze mesures de bois de chauffage dont il se refusa à couvrir le commis de vente qui en était comptable? Non-seulement il ne sut pas comprendre l'indignité de son procédé ; mais il nia si effrontément le délit qu'il allait courir le risque de se voir condamné en justice pour ce vol, lorsque le propriétaire le pardonna, sous la honteuse condition toutefois d'en payer par forme d'amende la valeur aux pauvres. Dans toute cette histoire, qu'on a longtemps représentée à faux et qui est devenue claire comme le jour depuis la publication de la *Correspondance bourguignonne* (en 1836), Voltaire joua à la fois le rôle d'un homme sans honneur et sans probité. Aussi le président de Brosses, malgré toute sa modération, lui écrivait-il à ce sujet : « Nos « amis communs que vous citez ne peuvent s'empêcher « de hausser les épaules en voyant un homme si riche... « se tourmenter à cet excès pour ne pas payer à un

« paysan deux cent quatre-vingt livres pour du bois de
« chauffage qu'il lui a fourni. Voulez-vous faire le second
« tome de M. de Gauffecourt, à qui vous ne vouliez pas
« payer une chaise de poste que vous aviez achetée de
« lui ? En vérité, je gémis pour l'humanité de voir… un
« cœur si petit… »

Qui ne sait qu'à Postdam, où le roi de Prusse lui avait
donné une pension de 20,000 livres, 16,000 livres pour
frais de voyage, la place de chambellan, la croix de
l'ordre du Mérite, une place à sa table, un équipage,
toutes les fournitures nécessaires et un appartement dans
son palais, Voltaire y volait chaque soir des bougies et
faisait vendre par paquets celles qu'on lui fournissait ?
(Voy. *Mémoires* de Thiébault, tome V, p. 216 ; *Ménage
et finances de Voltaire*, par Nicolardot, p. 1, 112, etc.;
Vie de Voltaire, par Lepan, etc.)

Qui ne connaît ses louches spéculations sur la loterie
Pelletier-Desforts, pour laquelle il eut à soutenir un procès scandaleux (1729) ; — ses agiotages sur les blés ; —
ses honteux trafics sur mille autres objets et notamment
dans les fournitures de l'armée, de concert avec la Pope-
linière, Challut et les frères Pâris ?

Mais pour comprendre toute la gravité de ces faits et
de mille autres que nous omettons, il faudrait entrer
dans des détails que ne comporte pas le cadre étroit de
cet opuscule. Aussi sommes-nous dans la nécessité de
renvoyer nos lecteurs aux sources mêmes, principalement aux premières lettres (1753-1776) de la *Correspondance entre Voltaire et le président de Brosses*, publiée
par M. T. Foisset ; aux *Révélations* de la Beaumelle ; aux
Lettres à Cideville (1732-1733), au *Mémoire* de Jorre,
et à l'ouvrage de Thiébault sur *Frédéric le Grand, sa
famille, ses amis et son gouvernement* (5 vol. in-8°, 1787).

Dans son excellent livre, *Ménage et finances de Voltaire*,
M. Nicolardot, après avoir donné les preuves les plus irréfutables des friponneries et des escroqueries de Voltaire,
se résume en disant : « N'a-t-il pas trompé les agents du

fisc? N'a-t-il pas dupé tous ses débiteurs? N'a-t-il pas frustré ses domestiques et ses libraires? N'a-t-il pas ruiné Jorre? N'a-t-il pas mérité un jugement sévère pour ses procédés envers le président de Brosses? N'a-t-il pas été impliqué dans des procès qu'il était plus honteux de gagner que de perdre? N'a-t-il pas été convaincu de s'être livré à l'agiotage? En taxant de rapines les intérêts des frères Paris et des autres vivriers avec lesquels il était associé, n'a-t-il pas confessé qu'il avait profité des malheurs de son pays et qu'il devait presque toute sa fortune à des machinations d'un esprit sans droiture et sans patriotisme? En vérité, parmi les individus qui, au xviii° siècle, ont été attachés au pilori, fleurdelisés ou roués en Grève, ou qui ont fini leurs jours dans les bagnes, y en avait-il beaucoup de plus coupables que Voltaire? » (P. 409, 410.)

Aussi est-il superflu d'insister sur l'improbité manifeste de cet homme — qui disait à d'Argental : « Pour « qu'un homme soit un coquin, il faut qu'il soit un grand « personnage; il n'appartient pas à tout le monde d'être « un fripon. » (18 décembre 1734.)

Frédéric lui-même, son admirateur, ne se lasse pas de répéter : « Il est étonnant que cet homme ait *une âme* « *aussi lâche et soit* SI MÉPRISABLE *par sa conduite et* « *son caractère.* » (Au comte Algarotti, 12 septembre 1749 et 26 mai 1754.)

XXV

C'est assez, c'est trop peut-être. Nous connaissons maintenant M. de Voltaire. Frédéric l'a peint d'un mot, en disant : « C'est le plus *méchant fou* que j'aie connu « de ma vie. » Qu'est-il besoin de raconter en détail mille traits hideux de lui, après ce que nous avons déjà vu? Qu'est-il besoin de stigmatiser ses mœurs, puisque lui-même raconte, en 1722, à Thiriot, comment il fréquentait les maisons de prostitution de Bruxelles, et que la *Correspondance secrète* parle de débauches nocturnes comme d'une chose habituelle à Ferney ? (Tome XV, p. 237). Type de l'égoïsme absolu, il résumait sa morale dans ces deux axiomes :

Tâchez, écrivait-il à Helvétius, de rendre service au genre humain *sans vous faire le moindre tort.* (1763.)

Le plaisir, écrivait-il à Berger, est le but universel : *qui l'attrape a fait son salut...* (10 octobre 1736.)

Aussi Fontenelle n'était que l'expression du sentiment universel, lorsqu'il lui disait au nom de l'Académie : « Monsieur Voltaire, vous justifiez bien la répugnance « que nous avons toujours eue de vous admettre parmi « nous. » Le peuple suisse le haïssait à tel point qu'il voulait brûler sa maison et l'expulser de son territoire.

Comblé de bontés par le roi Stanislas, il l'accablait en arrière de ses sarcasmes. Plat adulateur de Frédéric, auquel il demandait la croix de l'ordre du Mérite dès 1749, il écrivait en le quittant sa *Vie privée,* remplie d'imputations calomnieuses et outrageantes pour ce prince. Cinq ans plus tard, celui-ci ayant composé une satire en vers contre Louis XV, la Pompadour et les Français, la lui confia avec promesse de la tenir secrète. Voltaire lui répondit qu'il l'avait brûlée (19 mai 1759) ; mais il n'eut rien de plus pressé que d'en envoyer une copie au duc de Choiseul pour qu'il la mît sous les yeux de Louis XV et de Mme de Pompadour. Cette trahison contribua à la prolongation de la guerre entre la France et la Prusse.

Mais nous n'en finirions pas si nous voulions rapporter tous les traits de ce genre. Dans une lettre écrite d'Enghien, le 22 mars 1736, Jean-Baptiste Rousseau donne une idée de ce qu'il nomme lui-même « les impostures, les *bassesses* et les TURPITUDES de Voltaire, » ajoutant qu'il y a beaucoup plus à s'honorer de la haine de ce comédien que de son estime.

Des arrêts rendus par les parlements, les 1er mai et 10 juin 1734, en 1756, le 19 mars 1763 et le 15 février 1776, firent brûler par la main du bourreau, comme obscènes et immondes non moins que comme impies, les principaux ouvrages de Voltaire, et notamment ses *Lettres philosophiques, Candide*, la *Traduction du Cantique des cantiques*, sa *Théologie portative*, la *Bible enfin expliquée*, et son *Dictionnaire philosophique*. Ses écrits furent également proscrits en Hollande, à Genève, en Italie, en Autriche, en Espagne et en Portugal. Réduit à faire imprimer presque toutes ses œuvres à l'étranger ou sous des rubriques étrangères, il disait à d'Argenson : « Je suis fâché d'être de contrebande dans ma patrie. » (21 mai 1740.)

Il n'y était en effet que « de contrebande, » par ses idées comme par ses sympathies russes et prussiennes. C'est uniquement pour importer ces idées d'incrédulité et pour se venger des parlements qu'il poursuivit avec tant d'acharnement contre eux la réhabilitation des Calas, Sirven, de la Barre, Martin, Montbailli, Lally. Mais aujourd'hui ces causes sont définitivement jugées. Ainsi, la culpabilité des Calas a été rigoureusement établie par M. Théophile Huc, docteur en droit (v. *Correspondant*, tome XXXV, p. 690 à 721) ; par M. Salvan, dans son *Histoire du procès de Jean Calas à Toulouse, d'après la procédure authentique et la correspondance administrative* (1863) ; par M. Mary Lafon, dans son *Histoire du midi de la France* ; par M. le comte de Bastard, dans *Les parlements en France* ; et par M. Ch. Barthelemy, dans ses *Erreurs et mensonges historiques* (2e série, p. 1 à 64, 1864).

On attribue à Voltaire une heureuse influence sur les réformes sociales et politiques qui s'accomplirent depuis. C'est précisément l'inverse qui est la vérité. Voltaire fut au contraire le père des hébertistes de la Terreur, des roués du Directoire, de ces corrompus de tous les régimes et de tous les gouvernements, qui sont le plus grand sinon l'unique obstacle à tous les progrès réels, à toutes les réformes, parce qu'ils portent en eux ce poison du vice qui corrompt les meilleures institutions et les rend impossibles ; fléaux des nations, qui ne crient à la réforme de la société que pour se dispenser de se réformer eux-mêmes, et détruisent toute moralité publique par leur immoralité privée.

Incarnation littéraire des mœurs de la Régence et du siècle de Louis XV, Voltaire a perpétué dans les esprits cette tradition d'ignominie qui tue l'âme et la vertu des peuples comme celles des individus, anéantit les libertés publiques, conduit les nations à la décadence et les façonne à l'esclavage. Courtisan, aristocrate, ennemi du peuple, de sa patrie et de l'égalité, il est la personnification de tout ce que repousse le plus notre époque.

XXVI

VOLTAIRE JUGE LES PHILOSOPHES ET SON SIÈCLE.

Voici comment Voltaire juge les philosophes et son siècle :

Ces superbes *animaux* qu'on appelle philosophes. (*Micromégas.*)

Il n'y a pas un philosophe qui voulût perdre l'ongle du petit doigt pour ce qu'il appelle la bonne cause. (*OEuvres de Voltaire*, édition de Kehl, in-12, t. LXXIX, p. 454.)

Toutes les folies de la philosophie sont réprouvées des sages, et ces édifices fantastiques détruits par la raison. (*Ibid.*, t. XXV, p. 500.)

Les philosophes sont désunis, séparés, divisés ; *le petit troupeau* SE MANGE RÉCIPROQUEMENT. (*Ibid.*, t. LXX, t. LXXVI, p. 373.)

Tous les philosophes sont ennemis les uns des autres : QUELS CHIENS DE PHILOSOPHES! (*Ibid.*, t. LXXXIX, p. 130.)

Je vous supplie de me dire comment un peuple qui a tant de philosophes peut avoir si peu de goût ? Vous me répondrez peut-être que c'est parce qu'ils sont philosophes ; mais quoi ! *la philosophie mènerait-elle tout droit à l'absurdité?* (Au cardinal de Bernis, 31 mars 1763.)

Vous ne sauriez croire à quel point cette maudite philosophie A CORROMPU LE MONDE. (A Damilaville, 11 mars 1764.)

Ce siècle des raisonneurs est l'anéantissement des talents. (A Dalembert, 15 octobre 1767.)

Ah ! quel siècle ! quel pauvre siècle ! (A Dalembert, 2 septembre 1758.)

Nous sommes dans la FANGE *des siècles.* (A Dalembert, 15 septembre 1767.)

O CHIASSE des siècles !

<h2 style="text-align:center">XXVII</h2>

MORT DE VOLTAIRE.

Le 26 février 1758, Voltaire écrivait à Dalembert : « Dans vingt ans Dieu verra beau jeu. » La prophétie se réalisa, mais dans un sens tout contraire à celui qu'avait compris Voltaire. En effet, vingt ans après, jour pour jour, le 26 février 1778, Voltaire eut un vomissement de sang annonçant sa mort prochaine, appela à la hâte un prêtre, et lui donna bientôt une rétractation en forme des scandales de sa vie littéraire. Nous reproduisons plus loin cette pièce, rendue publique et déposée chez un notaire de Paris, M. Momet.

La mort saisissait Voltaire au milieu d'un triomphe sans exemple. Marmontel, venant le voir, lui dit : « Eh « bien, êtes-vous rassasié de gloire ? — Ah ! mon ami, « s'écria-t-il, vous me parlez de gloire, et je suis au « supplice, et je meurs dans des tourments affreux ! » Sentant sa fin approcher, il voulut recevoir les derniers sacrements ; mais ses complices étaient accourus et faisaient bonne garde pour arrêter le prêtre : ils y réussirent.

Les derniers moments de Voltaire furent horribles, indescriptibles. Dans son délire, il se disait abandonné de Dieu, implorait le Sauveur et criait : « Jésus-Christ, « Jésus-Christ, ayez pitié de moi ! » En proie à toutes

les convulsions, à toutes les fureurs du désespoir, les
yeux égarés, blême et tremblant d'effroi, il s'agitait en
tous sens, et le malheureux alla jusqu'à dévorer ses
excréments. C'était un véritable enfer anticipé. Le
maréchal de Richelieu, qui était venu visiter le moribond, s'était bientôt enfui en s'écriant : « Ah! ceci est
« horrible, c'est par trop fort, on ne peut supporter un
« pareil spectacle! » Son médecin, le célèbre Tronchin,
dit : « Rappelez-vous toute la rage et toutes les fureurs
« d'Oreste : vous n'aurez qu'une faible image de celles
« de Voltaire dans sa dernière maladie. Il serait à sou-
« haiter que nos philosophes eussent été témoins de ses
« remords et de ses fureurs; c'est la leçon la plus salu-
« taire qu'eussent pu recevoir ceux qu'il avait corrom-
« pus par ses écrits... »

Dans sa *Biographie des hommes célèbres du départe-
ment de l'Ain* (t. I, p. 171), M. Dupery donne les détails
suivants, recueillis de la bouche même de la marquise
de Vilette, chez laquelle Voltaire mourut : « Rien de plus
« vrai, disait-elle, que ce que Tronchin raconte des der-
« niers instants de Voltaire; il poussait des cris affreux,
« il s'agitait, se tordait les mains, se déchirait avec les
« ongles; peu de minutes avant de rendre l'âme, il
« demandait l'abbé Gautier. Plusieurs fois Mme de
« Vilette voulut envoyer chercher un ministre de Jésus-
« Christ; les amis de Voltaire, présents dans l'hôtel, s'y
« opposèrent... A l'approche du moment fatal, un redou-
« blement de désespoir s'empara du moribond; il s'écria
« QU'IL SENTAIT UNE MAIN INVISIBLE QUI LE TRAINAIT AU
« TRIBUNAL DE DIEU; il appelait *avec des hurlements
« épouvantables* « Jésus-Christ! Jésus-Christ! » *Il mau-
« dissait ses compagnons d'impiété :* « Je n'avais pas be-
« soin de vous! criait-il, c'est vous qui aviez besoin de
« moi, c'est vous qui m'avez mis dans l'état où je suis! »
« Tour à tour il invoquait et injuriait le Ciel. Enfin, pour
« étancher une soif ardente qui l'étouffait, il porta à sa
« bouche son vase de nuit... puis il poussa un dernier

« cri et expira au milieu de ses ordures et du sang qu'il
« avait répandu par la bouche et par les narines. »

Dans ses *Mémoires* (t. 1, p. 71), le comte d'Allonville
dit la même chose. Ayant demandé au comte de Fusée
s'il était vrai que Voltaire fût mort ainsi en véritable
damné, il en reçut cette réponse : « Demandez à Ville-
« vieille, à Vilette ; ils ne le nieront pas devant moi, qui
« comme eux ai vu sa rage, entendu ses cris : « *Le diable*
« *est là ; il veut me saisir !* » disait-il en portant des
« regards effarés vers la ruelle de son lit...« *Je le vois...*
« JE VOIS L'ENFER... *cachez-les moi.* » Cette scène faisait
« horreur. » Tous ces détails sont confirmés par le valet
de chambre de Voltaire.

C'était le soir du 30 mai 1778. Onze heures et un
quart venaient de sonner quand Voltaire expira ainsi, à
l'âge de 84 ans, en voyant le diable le saisir, l'enfer
s'ouvrir, et en sentant une main invisible le traîner au
tribunal de Dieu.

XXVIII

L'histoire des rétractations de Voltaire serait intermi-
nable. Bornons-nous à en citer quelques traits :

Comme on l'a déjà vu, il désavoua et flétrit lui-même
ses écrits. Il appelait son *Dictionnaire philosophique* « *une*
« *abominable production*, un dictionnaire *diabolique.* »
Il traitait son poëme de *la Pucelle* « *d'indigne rapsodie,*
« *d'œuvre de ténèbres qui déshonore la librairie,* » et
disait à d'Argental : « *J'en suis si honteux* QUE NOS MON-
« TAGNES NE ME PARAISSENT PAS AVOIR DE CAVERNES
« ASSEZ PROFONDES POUR ME CACHER. »

En 1748, il écrivait au même : « Je serais très-fâché
« de passer pour l'auteur de *Zadig*, que l'on veut décrier
« par les interprétations les plus odieuses, et qu'on ose
« accuser de soutenir des dogmes téméraires contre
« *notre sainte religion.* »

Le 4 avril 1761, il répondit à Collini, son ancien secrétaire, qui lui demandait l'autorisation de publier ses *OEuvres*. « Je ne peux que remercier quiconque veut « bien se donner la peine d'imprimer mes faibles ou- « vrages, pourvu que l'on n'y insère rien d'étran- « ger, rien *contre la religion catholique,* QUE JE PRO- « FESSE... »

Déjà, le 7 février 1746, il avait adressé au P. de Latour, provincial des jésuites, une lettre dans laquelle il faisait le plus grand éloge de la compagnie et qu'il terminait ainsi : « JE SOUMETS TOUS MES ÉCRITS AU JUGE- « MENT DE L'EGLISE... Si jamais on a imprimé sous mon « nom *une ligne* qui puisse scandaliser un *sacristain de* « *paroisse*, je suis prêt à le déchirer devant lui ; je veux « vivre et mourir tranquille *dans le sein de l'Église* « *catholique, apostolique et romaine*. Je déteste tout ce « qui peut le moins du monde troubler la société... » (*OEuvres de Voltaire*, édition de Kehl, t. LXIV, p. 98.)

Le 7 février 1769, il écrivait à Marc-Michel Ray, son imprimeur, à Paris, à propos de ses propres ouvrages : « J'ai une prière sérieuse à vous faire ; c'est d'empêcher « qu'on *déshonore mon nom*, en le mettant dans la liste « d'ouvrages suspects que l'on débite en Hollande ; mon « nom ne rendra pas ces ouvrages meilleurs, et n'en « facilitera pas la vente. J'aurais trop de reproches à « me faire si je m'étais amusé à composer un seul de « ces ouvrages *pernicieux* ; non-seulement je n'en ai « fait aucun, mais *je les réprouve tous...* ; ce que je dois « *à ma religion*, à ma patrie, à l'Académie française, à « l'honneur que j'ai d'être ancien officier de la maison « du roi, et *surtout à la vérité...* me force de vous écrire « ainsi. »

Voltaire eut pendant dix ans un aumônier, le P. Adam, jésuite, auquel il se confessait. En février 1770, il se fit recevoir *père temporel des capucins de Gex*, l'écrivit à Laharpe, et pendant quelque temps, ajouta dans ses lettres à sa signature le titre de capucin. Il en avait le diplôme encadré et placé dans la pièce la plus fréquentée de son château.

En 1724, étant gravement malade, il fit appeler un prêtre, se confessa et reçut les derniers sacrements. La comtesse de Fontaine-Martel étant tombée subitement malade, il écrivait à Cideville, le 7 février 1733, « qu'il « avait eu le temps de lui amener un prêtre pour lui « faire recevoir les derniers sacrements avant sa mort. » En 1741 il dédiait sa tragédie de *Mahomet* au pape Benoît XIV et lui adressait la lettre suivante :

> Très-saint Père,
>
> Votre Sainteté voudra bien pardonner la liberté que prend un des plus humbles mais des plus grands admirateurs de la vertu, de consacrer au chef de *la véritable religion* un écrit contre le fondateur d'une religion fausse et barbare. A qui pourrais je plus convenablement adresser la satire de la cruauté et des erreurs d'un faux prophète, qu'*au vicaire et à l'imitateur du Dieu de paix et de vérité?* Que Votre Sainteté daigne permettre que *je mette à ses pieds* et le livre *et l'auteur.* J'ose lui demander sa protection pour l'un et pour l'autre. C'est avec les sentiments d'une profonde vénération que *je me prosterne* et que *je baise vos pieds sacrés.*
>
> VOLTAIRE.

Le 7 avril 1746, il écrivait à M. de Moncrif :

> Je vous remercie de votre conversation avec le P. Perusseau (jésuite et confesseur de Louis XV) ; il est d'une compagnie à laquelle je dois mon éducation, et le peu que je sais ; il n'y a guère de jésuites qui ne sachent que *je leur suis attaché dès mon enfance*...; assurément *les jésuites doivent m'aimer,* et ils manqueraient à ce qu'ils doivent à la mémoire du P. Porée, qui me regardait comme son fils, s'ils n'avaient pas pour moi un peu d'amitié. Le pape, en dernier lieu, a chargé M. le bailly de Tencin de me faire les compliments de Sa Sainteté, en m'assurant de sa protection et de sa bienveillance ; je me flatte que les bontés du *Père commun* m'assureront celle de ses principaux enfants.

En 1754, Voltaire communia publiquement et engagea son secrétaire Collini à communier avec lui. Dans un de ses voyages en Saxe, étant tombé dangereusement malade, il demanda un prêtre, lui fit sa confession et le pressa de lui administrer le sacrement de l'extrême-onction qu'il reçut avec de grands actes, de pénitence. En 1760, nous le voyons assister dévotement à la messe, à la solennité de Noël, et convertir des calvinistes (Voir sa lettre à M. Albergati). Le 12 août de la même année, il écrit des Délices à madame Bélot : « Je ne réponds à « toutes les calomnies dont on accable les philosophes, « et à toutes les accusations ridicules d'irréligion, qu'en « faisant bâtir une église. Je sais bien que cette bonne « œuvre me ruine dans ce monde-ci, mais Dieu me le « rendra dans l'autre. Je voudrais y entendre la messe « avec vous. » Le 11 novembre suivant, il adresse à M. de Chénevières une lettre plus pieuse encore où il parle de l'église qu'il fait bâtir, de vêpres, de couvent et « de faire son salut. » Le 16 octobre 1761, il écrit au même : « Si vous rencontrez quelques dévôts dans votre « chemin, dites-leur que j'ai achevé mon église, et que « le pape m'a envoyé des reliques. »

En 1768, il fit graver sur le frontispice de cette église : *Deo erexit Voltaire*. Il se livrait publiquement à toutes les pratiques de la religion, assistait le dimanche à la grand'messe de sa paroisse avec tous les gens de sa maison, rendait le pain bénit, chargeait son curé de distribuer ses aumônes, et couronna toutes ces dévotions en faisant publiquement ses pâques au mois d'avril ; et après la pieuse cérémonie il prononça un sermon devant tous ses vassaux rassemblés. L'évêque de Genève, instruit de ces faits, écrivit le 11 avril 1768 à Voltaire « qu'il espérait que sa conduite à venir ne laisserait au- « cun doute sur la droiture et la sincérité de ses disposi- « tions. » Celui-ci lui répondit avec l'expression de la plus fervente piété, en lui disant : « Comment pouvez- « vous me savoir gré de remplir les devoirs dont aucun

« chrétien ne doit se dispenser, que *j'ai souvent remplis*,
« et dont tout seigneur doit donner l'exemple sur ses
« terres ? » ·

En mars 1768, dans une lettre à la marquise du Def-
fant, il se plaint « de ce qu'un Écossais, nommé Brown,
« lui reproche d'aller à confesse. »

A la fin de mars 1769, il signifiait par deux fois à son
curé de Ferney, l'abbé Gros, « de lui donner les sacre-
« ments. » Le 4 avril suivant, il mandait à madame de
Florian : « J'ai envoyé chercher le saint viatique, et je
« suis guéri. » Il écrivait à Saint-Lambert : « Depuis un
« mois, j'ai eu douze accès de fièvre. J'ai reçu brave-
« ment le viatique en dépit de l'envie ; j'ai déclaré ex-
« pressément que je mourrais dans la religion du roi
« très-chrétien et de la France. Cela est fier et honnête. »
Enfin, le 23 mai 1769, il disait au comte d'Argental :
« J'édifie tous les habitants de ma terre et les voisins en
« communiant. Je me fais lire publiquement l'*Histoire*
« *de l'Église* et les *Sermons de Massillon*. »

Il fit faire en outre par-devant notaire et témoins des
actes authentiques, significations, déclarations, professions de foi pour attester l'orthodoxie de sa croyance
catholique. Voici quelques-unes de ces pièces :

XXIX

RÉTRACTATIONS DE VOLTAIRE.
(Suite.)

Acte signifié à M. le curé de Ferney.

François-Marie de Voltaire, *gentilhomme de la chambre
du roi, seigneur de Ferney, Tournex, etc.*, âgé de soixante-
quinze ans passés, étant d'une constitution très-faible,
s'étant traîné à l'église le *saint* jour du dimanche des Ra-
meaux, malgré ses maladies, et ayant depuis ce jour essuyé
plusieurs accès d'une fièvre violente, dont le sieur Bugros,
chirurgien, a averti M. le curé de Ferney, selon les lois du
royaume, et ledit malade se trouvant dans l'incapacité to-

tale d'aller SE CONFESSER et COMMUNIER à l'église *pour l'édification de ses vassaux*, comme il doit et le désire, et pour celle de protestants dont ce pays est entouré, prie M. le curé de Ferney de faire en cette occasion tout ce que les ordonnances de roi et les arrêts de parlements commandent conjointement avec les canons de l'Eglise catholique professée dans tout le royaume : *religion dans laquelle ledit malade est né, a vécu et* VEUT MOURIR, *et dont il veut* REMPLIR TOUS LES DEVOIRS, ainsi que ceux de sujet du roi, offrant de *faire toutes les déclarations nécessaires, toutes protestations requises, soit publiques, soit particulières, se soumettant pleinement à ce qui est de règle, ne voulant omettre aucun de ses devoirs,* QUEL QU'IL PUISSE ÊTRE; invitant M. le curé de Ferney à remplir les siens avec la plus grande exactitude, tant pour l'édification des catholiques que des protestants qui sont dans la maison dudit malade; la présente signée de sa main et des témoins, dont copie restée au château, signée aussi du malade et des deux mêmes témoins; l'original et une autre copie laissés entre les mains de mondit sieur curé de Ferney, par les deux témoins soussignés; sauf à les rendre authentiques par main de notaire, si besoin : est le 30 mars 1769, à dix heures du matin.   DE VOLTAIRE.

Bigex, Vagnière, témoins.

Déclaration de M. de Voltaire.

Et depuis au château de Ferney, le 31 mars après midi, l'an 1769, par-devant moi, notaire soussigné, et en présence des témoins ci-après nommés, est comparu messire François-Marie de Voltaire, *gentilhomme ordinaire de la chambre du Roi,* l'un des quarante de l'Académie française, *seigneur de Ferney, Tournex, Pregny et Chambesi,* demeurant en sondit château, lequel a déclaré que le nommé Nonnote, ci devant soi-disant jésuite, et le nommé Guyon, soi-disant abbé, ayant fait contre lui des libelles aussi insipides que calomnieux, dans lesquels ils accusent messire de Voltaire d'avoir manqué de respect pour la religion catholique; *il doit à la vérité, à son honneur et* A SA PIÉTÉ *de déclarer que jamais il n'a cessé de respecter et de* PRATIQUER *la religion catholique* professée dans le royaume ; qu'il pardonne à ses calomniateurs ; *que si jamais il lui était échappé quelque indiscrétion préjudiciable à la religion* de l'Etat, *il en demandait pardon à Dieu* et à l'Etat, et *qu'il a vécu et* VEUT MOURIR dans l'observance de toutes les lois du royaume, et *dans la religion catholique,* étroitement unie à ces lois. Fait et prononcé audit château, lesdits jour, mois et an que dessus, en présence du révérend sieur Adam, prêtre, ci-devant soi-disant jésuite, et de sieur Simon Bigex, bourgeois de la Balme de Rhin en Genevois, de sieur Claude-Etienne Maugier, orfévre-bijoutier, et de Pierre l'Archevêque, syndic, tous demeurant audit Ferney, témoins requis.

Signé DE VOLTAIRE.

Autre déclaration de M. de Voltaire en recevant la communion.

Et depuis, au même château de Ferney, à neuf heures du matin du premier avril 1769, par-devant ledit notaire, en présence des témoins ci-après nommés, est comparu ledit messire François-Marie de Voltaire, *gentilhomme ordinaire de la chambre du roi,* l'un des quarante de l'Académie française, *seigneur de Ferney, Tournex, Pregny et Chambesi,* demeurant en sondit château de Ferney, lequel, immédiatement après avoir reçu dans son lit, où il est détenu malade, la sainte communion de M. le curé de Ferney, a prononcé ces propres paroles :

Ayant mon Dieu dans ma bouche, je déclare que je pardonne sincèrement à ceux qui ont écrit au roi des calomnies contre moi, et qui n'ont pas réussi dans leurs mauvais desseins.

De laquelle déclaration ledit messire de Voltaire a requis acte, que je lui ai octroyé en présence du révérend sieur Pierre Gros, curé dudit Ferney ; d'Antoine Adam, prêtre, ci-devant soi-disant jésuite ; de Simon Bigex, de Claude Joseph, capucin du couvent de Gex, de Claude-Etienne Maugier, orfévre-bijoutier, et de Pierre l'Archevêque, syndic dudit Ferney, y demeurant, témoins soussignés, avec ledit messire de Voltaire, et moi notaire, audit château, lesdits heure, jour, mois et an que dessus.

Profession de foi de M. de Voltaire.

L'an 1769 et le 15 avril, par-devant moi Claude Raffo, notaire royal au bailliage de Gex, résidant à Ferney, soussigné, et en présence des témoins ci-après nommés, sont comparus Révérend sieur Pierre Gros, prêtre et curé dudit Ferney, Pierre l'Archevêque, syndic dudit Ferney, Claude-Etienne Maugier, orfèvre-bijoutier, Jean-Baptiste-Antoine Guillaume-Louis Bugros, chirurgien, agrégé à l'Académie royale de Montpellier, juré en cedit pays de Gex, et Pierre Jacquin, maître d'école, demeurant audit Ferney, etc.; lesquels ont déclaré avoir été présents lorsque messire Francois-Marie Arouet de Voltaire, *gentilhomme ordinaire de la chambre du roi*, et l'un des quarante de l'Académie française, *seigneur de Ferney*, etc., etc., demeurant en son château dudit Ferney, a fait la confession de foi suivante, le premier avril de ladite année, sur les neuf heures du matin, avant de recevoir le saint viatique dudit sieur curé de Ferney.

« Je crois fermement tout ce que l'Eglise catholique, apostolique et romaine croit et confesse. *Je crois un seul Dieu en trois personnes, Père, Fils et Saint-Esprit, réellement distinguées, ayant la même nature, même divinité et même puissance;* que la seconde personne s'est faite homme; *qu'elle s'appelle Jésus-Christ, mort pour le salut des hommes;* qu'il a établi la sainte Eglise, à laquelle *il appartient de juger du véritable sens des Ecritures;* je condamne aussi toutes les hérésies que la même Eglise a condamnées et rejetées, *ainsi que toutes les interprétations et mauvais sens qu'on y peut donner.*

« *C'est cette foi véritable et catholique,* hors de laquelle on ne peut être sauvé, que je professe, que je reconnais seule véritable ; je jure, je promets, je m'engage de la professer et de mourir *dans cette croyance, moyennant la grâce de Dieu.*

« *Je crois aussi d'une foi ferme, et je confesse tous et un chacun des articles contenus dans le symbole des Apôtres* que j'ai récité en latin fort distinctement; *je déclare de plus que j'ai fait cette même profession de foi entre les mains du révérend Père Joseph,* capucin, avant que de me confesser. »

Telle est l'audition desdits comparants, qu'ils ont confirmée par serment véritable, et de laquelle ils m'ont demandé acte que je leur ai octroyé pour servir à ce que de raison. Fait et passé dans le presbytère audit Ferney, en présence de Bernard Jacques, manœuvre, et de S. l'Archevêque, ancien syndic, demeurant audit Ferney, témoins requis et illitrés, de ce enquis; lesdits comparants ont signé :

Gros, curé ; Claude Joseph, capucin; Pierre l'Archevêque, syndic actuel; Claude-Etienne Maugié ; Pierre Jacquin ; Bugros, chirurgien.

Contrôlé à Gex, le 15 avril 1769. Reçu 21 sols.

Signé de la Ghant.

Je soussigné Claude Raffo, notaire royal au bailliage de Gex, résidant à Ferney, déclare et certifie avoir extrait et collationné mot à mot sur leurs originaux les actes ci-dessus à moi exhibés par messire de Voltaire, le tout fait à sa réquisition, le 15 avril 1769.

Raffo, avec paraphe.

Il nous reste à mentionner la rétractation faite par Voltaire peu de temps avant sa mort. Nous en trouvons l'historique complet dans le *Mémoire* adressé par l'abbé Gaultier à Mgr l'archevêque de Paris. Le 21 février 1778, l'abbé Gaultier avait offert à Voltaire l'office de son ministère ecclésiastique, et en le quittant avait été prendre les instructions du vicaire général de l'archevêché et du curé de Saint-Sulpice. Cinq jours après, le 26 février, il reçut, à neuf heures du soir, le billet suivant :

Vous m'avez promis, Monsieur, de venir pour m'entendre; je vous prie de vous donner la peine de venir le plus tôt que vous pourrez.

Voltaire.

A Paris, ce 26 février 1778.

Le lendemain matin, avant qu'il eût pu s'y rendre, l'abbé Gaultier recevait de madame Denis ce second billet :

Madame Denis, nièce de M. de Voltaire, prie M. l'abbé Gaultier de vouloir bien le venir voir : elle lui sera très-obligée.

27 février 1778, chez M. le marquis de Vilette.

Ce jour-là l'abbé Gaultier ne put parler qu'à madame Denis, alla rendre compte de sa conduite au curé de Saint-Sulpice, et poursuit en ces termes :

... Le 2 mars 1778, je retournai chez M. de Voltaire, attaqué pour lors d'un vomissement de sang. Avant que d'entrer dans sa chambre, on me recommanda de ne pas l'effrayer et de lui parler avec douceur. M. le maréchal de Richelieu, qui venait de le quitter, m'engagea à ne le pas négliger; je lui promis de faire tout ce qui dépendrait de moi pour le salut de son âme. J'entrai dans la chambre de M. de Voltaire, qui me prit par la main et me pria de le confesser avant que de mourir. Je lui répondis que je l'entendrais volontiers en confession, que j'en avais parlé à M. le curé de Saint-Sulpice, dont il était paroissien, et qu'il me l'avait permis; mais qu'il fallait qu'il fît une rétractation avant que d'en venir là. « M. l'abbé, me dit-il, je vais en faire et en écrire une moi-même dont vous serez content. Qu'on me donne du papier et de l'encre. » On lui donna l'un et l'autre. « Qu'on se retire et qu'on me laisse seul avec M. l'abbé Gaultier, mon ami. » On se retira ; alors il écrivit de sa propre main la rétractation qui suit. La voici mot pour mot :

Je, soussigné, déclare qu'étant attaqué depuis quatre jours d'un vomissement de sang, à l'âge de quatre-vingt-quatre ans, et n'ayant pu me traîner à l'église, M. le curé de Saint-Sulpice ayant bien voulu ajouter à ses bonnes œuvres celle de m'envoyer M. l'abbé Gaultier, prêtre, *je me suis confessé à lui*, et que si Dieu dispose de moi, JE MEURS DANS LA RELIGION CATHOLIQUE, où je suis né, *espérant de la miséricorde divine qu'elle daignera pardonner toutes mes fautes, et que si j'avais jamais scandalisé l'Église*, J'EN DEMANDE PARDON A DIEU ET A ELLE. — *Voltaire*. Signé le 2 mars 1778, dans la maison de M. le marquis de Vilette, en présence de M. l'abbé Mignot, mon neveu, et de M. le marquis de Villevieille, mon ami, que M. de Voltaire me pria de faire entrer pour entendre la lecture de cette rétractation, lesquels, après lecture faite, signèrent : Mignot, Villevieille.

M. de Voltaire écrivit encore de sa main ce qui suit :
« M. l'abbé Gaultier m'ayant averti qu'on disait dans un
« certain monde que je protesterai contre tout ce que je
« ferai à la mort, je déclare que je n'ai jamais tenu ce pro-
« pos, et que c'est une ancienne plaisanterie attribuée très-
« faussement dès longtemps à plusieurs savants plus éclai-
« rés que Voltaire.

M. de Voltaire, en me remettant sa rétractation, me dit
en présence de MM. l'abbé Mignot et de Villevieille : « Vous
« allez sans doute, M. l'abbé, l'insérer dans les journaux ?
« Je ne m'y oppose pas. » A quoi je répondis : « Il n'en est
« pas encore temps. »

L'abbé Gaultier communiqua cette rétractation à l'archevêque de Paris, à son château de Conflans où il était
alors, lui en laissa une copie et en donna une autre au
curé de Saint-Sulpice. Plus tard, Voltaire envoya son
neveu, l'abbé Mignot, chercher l'abbé Gaultier, pour se
confesser de nouveau à lui ; l'abbé Gaultier s'y rendit
avec le curé de Saint-Sulpice. Mais Voltaire avait déjà le
délire, ne le reconnut pas, et mourut trois heures après.

Le 12 octobre suivant, le célèbre astronome Lalande,
ayant entendu parler de ce *Mémoire* de l'abbé Gaultier
et voulant s'assurer de la vérité des détails qu'il renfer-
mait, s'adressa à l'abbé Gaultier lui-même en lui de-
mandant si l'ouvrage était réellement de lui. L'abbé lui
répondit affirmativement, en l'engageant à aller consul-
ter le manuscrit chez un notaire où il était alors déposé,
et lui proposant de lui montrer les lettres originales et
la rétractation signée par Voltaire. Lalande accepta ces
propositions et reconnut par lui-même l'authenticité de
toutes ces pièces.

XXX

APOTHÉOSE DE VOLTAIRE.

Malgré tout le mal que Voltaire avait dit des assem-
blées délibérantes, la Constituante décréta l'apothéose
de celui qui s'était montré l'ennemi forcené de la France.

4

Ce fut à ses yeux un moyen de distraire et d'exalter le peuple. En terminant le compte rendu de cette séance du 30 mai 1791, les auteurs démocrates de l'*Histoire parlementaire de la Révolution française* font eux-mêmes les réflexions suivantes :

Il est difficile de trouver un exemple plus remarquable de la puissance et de la fascination du *préjugé*, que cette apothéose de Voltaire... *Certes, Voltaire n'était rien moins que patriote, rien moins qu'ennemi de la noblesse, rien moins que partisan de l'égalité.* S'il eût assez vécu pour être député aux États-Généraux, il est probable qu'il se fût assis parmi les aristocrates. Il n'aurait certainement pas voté pour les noirs, *lui qui était intéressé dans la traite des nègres. Il se fût grandement moqué de tous ces amis de la perfectibilité humaine, de tous ces prôneurs de vertus populaires, de tous ces zélateurs d'égalité* qui occupaient les tribunes de l'Assemblée et remplissaient les colonnes de la presse...

XXXI

VOLTAIRE JUGÉ PAR LE XVIIIe ET LE XIXe SIÈCLE.

Il nous faudrait un volume pour résumer seulement le jugement du dix-huitième et du dix-neuvième siècle sur Voltaire. Bornons-nous à en donner un simple aperçu.

Nous avons vu déjà l'opinion de Jean-Jacques Rousseau, de Brissot, de Fauchet, de Marat, de Louis Blanc et de M. de Tocqueville. Celle des autres n'est pas moins formelle, comme on va le voir.

Louis XV exila Voltaire ; Stanislas l'évinça ; Catherine jeta dans un grenier sa bibliothèque, composée d'ouvrages dont la médiocrité prouve combien il était étranger à toute espèce de connaissances approfondies ; l'empereur Nicolas défendit la lecture de ses manuscrits, à cause de leur monstrueuse obscénité ; Frédéric de Prusse le chassa honteusement et le méprisait comme « un fourbe consommé, un coquin, un scélérat » ; Napo-

léon Ier ne laissa jamais imprimer ses œuvres et disait :
« Voltaire est plein de boursoufflure, de clinquant, *tou-*
« *jours faux*, ne connaissant ni les hommes ni les
« choses, ni la vérité, ni la grandeur... »

On a vu Mme Denis, sa nièce, l'appeler « *le dernier*
« *des hommes par le cœur.* » Le chancelier d'Aguesseau
le haïssait comme l'enfer. Choiseul fit peindre sa
figure sur les girouettes de son château. Fréron, Desfontaines, de Brosses, Crébillon, Jean-Baptiste Rousseau, furent ses ennemis déclarés. Chabanon, l'un de
ses plus grands panégyristes, dit que Voltaire était
« *injuste, forcené, féroce.* » Mlle Quinault le peint
comme un méchant esprit et un homme sans foi. Mme de
Graffigny s'écrie : « Qu'il est bête ! » La duchesse de
Choiseul dit de lui : « *Il a toujours été poltron sans*
« *danger, insolent sans motifs et bas sans objet... Il*
« *faut le* MÉPRISER. *Qu'il est pitoyable, Voltaire! qu'il*
« *est lâche!...* Il se noie dans un crachat pour avoir cra-
« ché sans besoin ; il chante la palinodie ; il souffle le
« froid, le chaud. IL FAIT PITIÉ ET DÉGOUT. » (Tiré de
la *Correspondance inédite de Mme du Deffand.*)

La marquise de Crequi, Mme de Genlis, Mme Necker
et Mme de Staël montrent ses vices. Cette dernière dit :
« Il lit *Candide*, cet ouvrage d'une gaieté *infernale*, car
« il semble écrit par un être... content de nos souf-
« frances et riant comme un démon, ou comme un singe,
« des misères de cette espèce humaine avec laquelle il
« n'a rien de commun. » (*L'Allemagne.*)

Collé abhorrait Voltaire. Collini et une foule d'autres
ont laissé les confidences les plus accablantes contre
lui, et signalent ses vices et son ignorance. Buffon fait
toucher du doigt cette ignorance et dit : « Je ne lis au-
« cune des *sottises* de Voltaire... *Sa jalousie contre*
« *toute célébrité* aigrit sa bile recuite par l'âge, en sorte
« qu'il semble avoir formé le projet de vouloir enterrer
« de son vivant tous ses contemporains. » (*Correspon-*
dance inédite.) Piron écrivait : « *Le sot et méchant*

« *homme que Voltaire ! Il n'a pas plus d'esprit que de*
« *science*... On pourrait dire que les péchés mortels sont
« ses muses. *Impie, superbe, envieux, furieux*, tout est
« marqué à ce jol' coin-là. » (*Lettres.*)

Duclos qualifiait Voltaire de brigand. Montesquieu
disait qu'il « manquait de sens. » Galiani riait de son
ignorance. Formey estimait qu'il resterait la risée de
tous ceux qui relèveraient ses contradictions. Diderot
écrivait en 1782 : « Il en veut à tous les piédestaux ; »
et il se plaignait de son ignorance, de sa petitesse, de
son injustice, de son envie, de son incroyable méchanceté. Clément, La Harpe, Guénée, Rivarol et Robertson
démontrent, pièces en mains, la vérité de ce jugement.
Lepan termine ainsi l'étude consciencieuse et approfon-
die de la *Vie de Voltaire* : « De tous les faits qui ont
« été rapportés, on doit conclure qu'Arouet Voltaire *fut*
« *mauvais fils, mauvais citoyen, ami faux, envieux,*
« *flatteur, ingrat, calomniateur, intéressé, intrigant,*
« *peu délicat, vindicatif, ambitieux de places, d'hon-*
« *neurs et de dignités, hypocrite, avare, intolérant,*
« *méchant, inhumain, despote, violent.* » Et chacun
de ces mots est accompagné de preuves irréfutables.

XXXII

VOLTAIRE JUGÉ PAR LE XVIIIe ET LE XIXe SIÈCLE (*suite*).

Dans son *Don Juan*, Byron reproche à Voltaire d'a-
voir trop flatté les Russes. Thomas Carlyle l'appelle « le
pontife *ratatiné* de l'encyclopédisme » et dit « qu'il n'y a
pas une seule grande pensée dans ses trente-six in-4°, »
et que tout y « est *pitoyable*. » (*Miscellanées*, II.) Chateau-
briand signale son ignorance, sa mauvaise foi, son hypocrisie, ses contradictions, son infériorité, sa perversité. Joubert dit de lui : « En aucun temps un Voltaire
« n'est bon à rien. Voltaire a comme le singe... les traits
« hideux. On voit toujours en lui au bout d'une habile
« main un laid visage... Il n'est jamais sérieux. Ses

« grâces mêmes sont effrontées. Il y a en lui du *cadédis*.
« Voltaire est l'esprit le plus débauché, et ce qu'il y a de
« pis, c'est qu'on se débauche avec lui. »

Tous les ouvrages de Balzac ne sont qu'une guerre
acharnée contre le voltairianisme. Stendhal montre la
méchanceté de Voltaire et ajoute : « Comique continuel-
« lement souillé par l'odieux, *l'homme méchant perce*
« *partout.* » Alexandre Dumas, qui, dans ses *Impres-
sions de voyage*, prouve l'ignorance de Voltaire, dit
dans le *Mousquetaire* : « Je n'aime pas Voltaire, je
« l'avoue ; pas plus comme homme que comme histo-
« rien, pas plus comme historien que comme poëte dra-
« matique, pas plus comme poëte dramatique que
« comme poëte épique. Il a fait deux épopées, comme
« on appelait cela au xviiie siècle, l'une sérieuse, la
« *Henriade*, — c'est un mauvais livre, — l'autre co-
« mique, la *Pucelle*, — et c'est une mauvaise action. »

Béranger dénonce « ses préférences pour l'étranger, »
et ajoute : « Je le pris presque en haine lorsque je lus le
« poëme où il outrage Jeanne d'Arc, véritable divinité
« patriotique qui dès l'enfance fut l'objet de mon culte.»
Saint-Simon, Auguste Comte, Royer-Collard, Cousin,
Guizot et Saint-Beuve témoignent de leur mépris pour
Voltaire. Renan dit à ce sujet : « Au dix-huitième siècle,
« on ne voulut pas de la science sérieuse, libre et grave ;
« on eut la bouffonnerie, l'incrédulité railleuse et super-
« ficielle de Voltaire.... ses fades plaisanteries, son ton
« narquois, ses *hypocrites* protestations. » (*Revue des
Deux-Mondes*, 1er novembre 1865.) M. Viennet dit de
Voltaire : « Pourquoi cet homme n'a-t-il pas fini ses
« jours aux galères ? »

M. Nicolardot conclut ainsi son livre sur Voltaire,
fruit de longues et laborieuses recherches : « Il s'est
« rencontré dans tous les temps des hommes qui ont pris
« le mal pour le bien et le bien pour le mal. Heureuse-
« ment pour l'honneur de l'humanité, de la France, de
« la république des lettres et des philosophes, Voltaire

4.

« est le seul qui ait osé anéantir jusqu'à la notion du
« bien. Le bien comme le mal, *tout dépose contre*
« *lui.* ... »

Un autre écrivain le peint ainsi : « Un homme occupé
« pendant soixante ans à corrompre, à séduire ses
« frères, n'a-t-il pas fait plus de mal encore que le
« brigand qui a passé sa vie à détrousser les voyageurs?
« Le brigand a pillé, assassiné quelques individus; le
« philosophe a empoisonné des générations entières. »

Un des principaux rédacteurs du *Siècle* appelle Voltaire : « Le DIEU DES IMBÉCILES. »

Victor Hugo ne peut pas prononcer le nom de Voltaire sans indignation. Il parle de ses Œuvres comme
d'un temple monstrueux où il y a des témoignages pour
tout ce qui n'est pas la vérité, un culte pour tout ce
qui n'est pas Dieu; montre, dans *Notre-Dame de Paris*,
son ignorance artistique; lui reproche son rire diabolique et gémit sur cet ingrat, ce transfuge qui a profané
la chasteté de la muse et la sainteté de la patrie. Il
stigmatise ainsi Voltaire et son siècle :

Plein de ces chants honteux, dégoût de la mémoire,
Un vieux livre est là haut sur une vieille armoire,
Par quelque vil passant dans cette ombre oublié,
Roman du dernier siècle, œuvre d'ignominie.
Voltaire alors régnait, *ce singe de génie*,
Chez l'homme en mission par le diable envoyé.

Époque qui gardas, de vin, de sang rougie,
Même en agonisant, l'allure de l'orgie,
O dix-huitième siècle impie et châtié,
Société sans Dieu, qui par Dieu fut frappée,
Qui brisant sous la hache et le sceptre et l'épée,
Jeune, offensas l'amour, et vieille, la pitié.

Table d'un long festin qu'un échafaud termine,
Monde aveugle pour Christ, que Satan illumine,
Honte à tes écrivains devant les nations!
L'ombre de leurs forfaits est dans leur renommée.
Comme d'une chaudière il sort une fumée,
Leur sombre gloire sort des révolutions.

Frêle barque assoupie à quelques pas d'un gouffre !
Prends garde. enfant ! cœur tendre où rien encore ne souffre !
O pauvre fille d'Ève ! ô pauvre jeune esprit !
Voltaire, *le serpent, le doute, l'ironie*,
Voltaire est dans un coin de ta chambre bénie !
Avec son œil de flamme il t'espionne et rit.

Oh ! tremble ! ce sophiste a sondé bien des fanges !
Oh ! tremble ! ce faux sage a perdu bien des anges !
Ce démon, noir milan, fond sur les cœurs pieux
Et les brise, et souvent. sous ses griffes cruelles,
Plume à plume, j'ai vu tomber ces blanches ailes
Qui font qu'une âme vole et s'enfuit dans les cieux !

Hélas ! si ta main chaste ouvrait ce livre infâme,
Tu sentirais soudain Dieu mourir dans ton âme ;
Ce soir tu pencherais ton front triste et boudeur
Pour voir passer au loin dans quelque verte allée
Des chars étincelants à la roue étoilée,
Et demain tu rirais de la sainte pudeur !

Ton lit, troublé la nuit de visions étranges,
Ferait fuir le sommeil, le plus craintif des anges !
Tu ne dormirais plus, tu ne chanterais plus ;
Et ton esprit, tombé dans l'océan des rêves,
Irait, déraciné comme l'herbe des grèves,
Du plaisir à l'opprobre et du flux au reflux.

> (*Les Rayons et les Ombres. — Regard jeté dans une
> mansarde.*)

XXXIII

Qui ne connaît ces vers où Alfred de Musset caracté-
rise Voltaire et son œuvre par ce cri désespéré (*Rolla*) ?

Dors-tu content, Voltaire, et ton hideux sourire
Voltige-t-il encor sur tes os décharnés ?
Ton siècle était, dit-on, trop jeune pour te lire ;
Le nôtre doit te plaire, et tes hommes sont nés...
Il est tombé sur nous, cet édifice immense
Que de tes larges mains tu sapais nuit et jour ;
La mort devait t'attendre avec impatience,
Pendant quatre-vingts ans que tu lui fis la cour.
Vous devez vous aimer d'un infernal amour...
Ne quittes-tu jamais la couche nuptiale,

Où vous vous embrassez dans les vers du tombeau,
Pour t'en aller tout seul promener ton front pâle
Dans un cloître désert ou dans un vieux château ?
Que te disent alors tous ces grands corps sans vie,
Ces murs silencieux, ces autels désolés,
Que pour l'éternité ton souffle a dépeuplés ?
Que te disent les croix ? Que te dit le Messie ?
Oh ! saigne-t-il encor quand, pour le déclouer,
Sur son arbre tremblant comme une fleur flétrie,
Ton spectre dans la nuit revient le secouer ?
Crois-tu ta mission dignement accomplie,
Et, comme l'Éternel à la création,
Trouves-tu que c'est bien et que ton œuvre est bon ?

. . . .

. . . .

Et que nous reste-t-il à nous les déicides ?
Pour qui travailliez-vous, démolisseurs stupides,
Lorsque vous disséquiez le Christ sur son autel ?
Que vouliez-vous semer sur sa céleste tombe,
Quand vous jetiez au vent la sanglante colombe
Qui tombe en tournoyant dans l'abîme éternel ?
Vous vouliez pétrir l'homme à votre fantaisie ;
Vous vouliez faire un monde... Eh bien, vous l'avez fait !
Votre monde est superbe et votre homme est parfait !
Les monts sont nivelés, la plaine est éclaircie ;
Vous avez sagement taillé l'arbre de vie.
Tout est bien balayé sur vos chemins de fer ;
Tout est grand, tout est beau... Mais on meurt dans votre air...
Vous y faites vibrer de sublimes paroles ;
Elles flottent au loin dans les vents empestés...
Elles ont ébranlé de terribles idoles ;
Mais les oiseaux du ciel en sont épouvantés...
L'hypocrisie est morte, on ne croit plus aux prêtres ;
Mais la vertu se meurt et ne croit plus à Dieu ;
Le noble n'est plus fier du sang de ses ancêtres,
Mais il le prostitue au fond d'un mauvais lieu.
On ne mutile plus la pensée et la scène,
On a mis en plein vent l'intelligence humaine,
Mais le peuple voudra des combats de taureaux.
Quand on est pauvre et fier, quand on est riche et triste,
On n'est plus assez fou pour se faire trappiste,
Mais on fait comme Escousse, on allume un réchaud.....

XXXIV

Enfin de Maistre résume ainsi son jugement sur Voltaire :

L'admiration effrénée dont trop de gens entourent Voltaire est le signe infaillible d'une âme corrompue. Qu'on ne se fasse point illusion : si quelqu'un, en parcourant sa bibliothèque, se sent attiré vers les *Œuvres de Ferney*, Dieu ne l'aime pas... Voltaire a prononcé contre lui-même, sans s'en apercevoir, un arrêt terrible, car c'est lui qui a dit : *Un esprit corrompu ne fut jamais sublime*. Rien n'est plus vrai..... Il est nul dans l'ode : et qui pourrait s'en étonner ? L'impiété réfléchie avait tué chez lui la flamme divine de l'enthousiasme. Il est encore nul, et même *jusqu'au ridicule*, dans le drame lyrique, son oreille ayant été absolument fermée aux beautés harmoniques, comme ses yeux l'étaient à celle de l'art. Dans les genres qui paraissent les plus analogues à son talent, il se traîne, il est médiocre, froid, et souvent (qui le croirait ?) lourd et grossier dans la comédie : car le méchant n'est jamais comique. Par la même raison, il n'a pas su faire une épigramme, la moindre gorgée de son fiel ne pouvant couvrir moins de cent vers. S'il essaye la satire, il glisse dans le libelle ; *il est insupportable dans l'histoire...* Sa plaisanterie si vantée est loin d'être irréprochable : le rire qu'elle excite n'est pas légitime, *c'est une grimace*.

N'avez-vous jamais remarqué que l'anathème divin fût écrit sur son visage ?.... Il y a autant de vérité dans cette tête qu'il y en aurait dans un plâtre pris sur le cadavre. Voyez ce front *abject* que la pudeur ne colora jamais, ces deux cratères éteints *où semblent bouillonner encore la luxure et la haine ;* cette bouche, — je dis mal peut-être, mais ce n'est pas ma faute, — ce *rictus* épouvantable, courant d'une oreille à l'autre, et ces lèvres pincées par la cruelle malice comme un ressort prêt à se détendre pour lancer le blasphème ou le sarcasme. — Ne me parlez pas de cet homme, *je ne puis en soutenir l'idée*. Ah ! qu'il nous a fait de mal ! Semblable à cet insecte, le fléau des jardins, qui n'adresse sa morsure qu'à la racine des plantes les plus précieuses, Voltaire. avec son *aiguillon*, ne cesse de piquer les deux racines de la société, les femmes et les eunes gens; il les imbibe de ses poisons, qu'il transmet ainsi d'une génération à l'autre.....

Le grand crime de Voltaire est l'abus du talent et la *prostitution réfléchie* d'un génie créé pour célébrer Dieu et la vertu. Il ne saurait alléguer, comme tant d'autres, la jeunesse, l'inconsidération, l'entraînement des passions, et, pour terminer enfin, la triste faiblesse de notre nature. Rien ne l'absout; *sa corruption est d'un genre qui n'appartient qu'à lui*; elle s'enracine dans les dernières fibres de son cœur et se fortifie de toutes les forces de son entendement. Toujours alliée au sacrilége, elle brave Dieu en perdant les hommes. Avec une fureur qui n'a pas d'exemple, cet *insolent blasphémateur* en vient à se déclarer l'ennemi personnel du Sauveur des hommes. Il ose, du fond de son néant, lui donner un nom ridicule, et cette loi adorable que l'Homme-Dieu apporta sur la terre, il l'appelle l'*Infâme*. Abandonné de Dieu, qui punit en se retirant, il ne connaît plus de frein. D'autres cyniques étonnèrent la vertu, Voltaire étonne le vice. *Il se plonge dans la fange, il s'y roule, il s'en abreuve; il livre son imagination à l'enthousiasme de l'Enfer, qui lui prête toutes ses forces pour le traîner jusqu'aux limites du mal.* Il invente des prodiges, des monstres qui font pâlir. — Paris le couronne, Sodome l'eut banni!

Profanateur effronté de la langue universelle et de ses plus grands noms, — le dernier des hommes, *après ceux qui l'aiment!*

Comment vous peindrais-je ce qu'il me fait éprouver? Quand je vois ce qu'il pouvait faire et ce qu'il a fait, ses inimitables talents ne m'inspirent plus qu'une espèce de rage sainte qui n'a pas de nom. *Suspendu entre l'admiration et l'horreur, quelquefois je voudrais lui faire élever une statue...* PAR LA MAIN DU BOURREAU.... *(Soirées de Saint-Pétersbourg, 4° entretien.)*

FIN

TABLE DES MATIÈRES

FIN DE LA TABLE DES MATIÈRES.

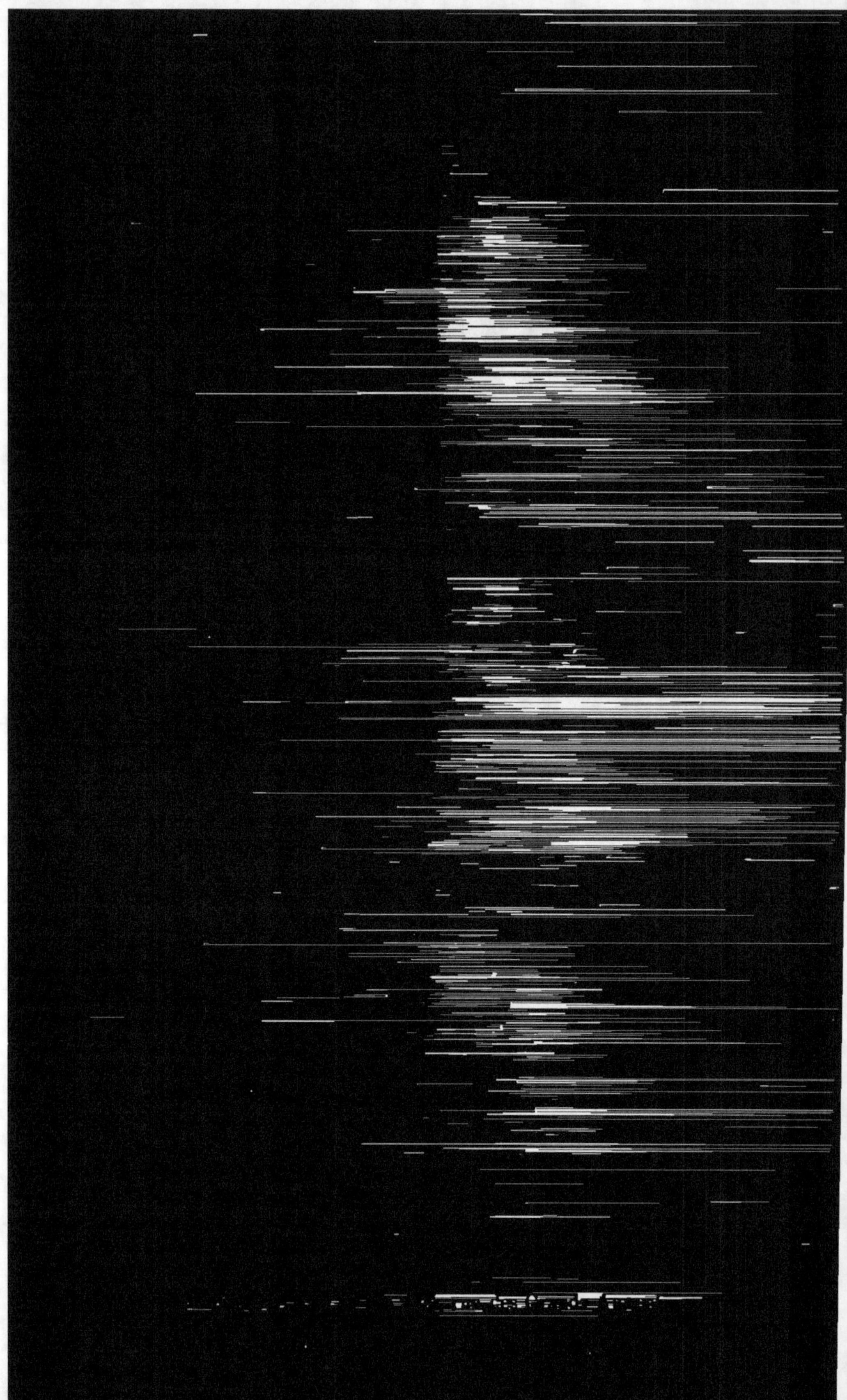